新丝路华文系列教材编委会

新丝路华文系列教材

总主编 郭熙 邵宜

暨南大学华文学院精品教材

中级华文

上册

主编 干红梅

编者 干红梅 祝晓宏 唐燕飞

暨南大學出版社
JINAN UNIVERSITY PRESS

中国·广州

图书在版编目（CIP）数据

中级华文．上册/郭熙，邵宜总主编．—广州：暨南大学出版社，2018.6
（新丝路华文系列教材）
ISBN 978－7－5668－2341－0

Ⅰ.①中…　Ⅱ.①郭…②邵…　Ⅲ.①汉语—对外汉语教学—教材　Ⅳ.①H195.4

中国版本图书馆 CIP 数据核字(2018)第 047012 号

中级华文（上册）
ZHONG JI HUA WEN（SHANG CE）
总主编：郭熙　邵宜

出 版 人：徐义雄
项目统筹：晏礼庆
策划编辑：杜小陆
责任编辑：潘江曼　刘　晶
责任校对：陈俞潼
责任印制：汤慧君　周一丹

出版发行：暨南大学出版社（510630）
电　　话：总编室（8620）85221601
营销部（8620）85225284　85228291　85228292（邮购）
传　　真：（8620）85221583（办公室）　85223774（营销部）
网　　址：http：//www.jnupress.com
排　　版：广州市天河星辰文化发展部照排中心
印　　刷：佛山市浩文彩色印刷有限公司
开　　本：787mm×960mm　1/16
印　　张：12.75
字　　数：260 千
版　　次：2018 年 6 月第 1 版
印　　次：2018 年 6 月第 1 次
定　　价：46.00 元

编写说明

《中级华文》是新丝路华文系列教材的中级部分，适合已完成《初级华文》的学习者以及具备相当水平（词汇量2 500～3 000）的学习者使用。本套教材突出“华文”特色，力求符合华裔学生学习认知特点，适合华裔学生在目的语环境中学习使用。教材以培养和提高学生语言交际能力为目标，同时注重文化内容的教学，既有利于华裔学生传承优秀的中华文化，又能帮助学生了解中国当代国情和社会生活状况，感受现代中国的风土人情和文化观念。编者希望通过寓文化教育于语言教学之中的方式，把文化知识内化为学生跨文化交际的能力，让学生更快更有效地掌握语言，更准确地道地运用语言。

一、编写理念

本套系列教材体现功能法、直接法、交际法、任务型教学等多种教学法相结合的教学原则，广泛吸收语言本体研究、语言教学研究、语言习得研究等方面的成果，注重语言核心能力（口头和书面交际能力）的提高、词汇量的扩大和中华文化意识的培养。

针对中级阶段教与学的特性，结合华裔学生的特点，《中级华文》以话题为纲进行编写，同时关注到词汇、语言点、功能项目、文化点的合理分布和有机融合，帮助学习者循序渐进地掌握中级阶段的语言知识，自然而然地接触、了解、理解包括中国人思维方式在内的文化内容，提高语言运用的准确度、熟练度和自然度。

二、编写原则

1. 针对性

教材内容的选取充分考虑华裔学生的身份特点、实际需求以及兴趣偏好，充分发挥华裔学生学习华文的潜力，教材内容不依赖媒介语，难度（词汇量和输入量）符合华裔学生的能力水平，追求高效率的语言学习，体现华人学华文的特点。

2. 科学性

语料真实、规范，根据华文语言规律和语言习得规律及难易度编排教学内容和语言点。教材的字词、语法、文化大纲与华文水平测试相应程度的分级大纲保持一致。注重词汇的日积月累，根据词汇的常用度进行分类：核心词要求会运用，非核心词要求能认读。中级阶段生词总量2 693个，其中《中级华文（上册）》1 169个（核心词624个，非核心词545个），《中级华文（下册）》1 524个（核心词788个，非核心词736个）。

3. 实用性

根据华裔学生的身份特点和关注话题进行内容选编，兼顾学习者当前的学习生活和未来的工作需要，强调内容的丰富性和实用性，注重题材体裁和语体风格的多样化，合理科学地搭配，坚持文化的多元和包容、理解的理念。针对中级阶段语言大纲和能力的要求，加强书面语教学，加强段落、篇章训练。

4. 趣味性

注重课文内容、练习形式以及版面设计趣味性，激发学生的学习兴趣。在传统的练习形式基础上力争有所突破，充分利用在目的语国家学习的优势，把课堂讲练和课后实践结合起来，以期通过在真实语境中的操练进一步增强学习动力，达到更理想的学习效果。

三、教材体例

《中级华文》共上、下两册，每册12课，建议教学时间为一个学期（16个教学周，每周不少于10学时）完成一册。

主教材每一课均包含课前准备、课文、生词、谈一谈、阅读课文、词语辨析、段落训练（中级上）、篇章训练（中级下）、文化点滴、经典诵读等几个板块。各板块的编写目的和特点如下：

（1）“课前准备”以导入教学内容、对当课教学内容进行铺垫、激发学生对相关话题的兴趣为目的。注重趣味性和切入点的针对性。

（2）“课文”采用分栏排版的形式，左栏为课文文本，标注核心词，生字采用了上标拼音的方式。右栏旁注内容包括：非核心词的释义、重点句式、文化注解等。

（3）“生词”按照课文中的出现顺序排列核心词，提供词语的典型搭配或例句，方便学生自主学习。对义项较多或用法复杂的词语，不局限于课文中的义项或用法，稍加扩展，较全面地展现该词语的义项和用法。

（4）“谈一谈”考查学生是否准确理解课文内容，并在理解的基础上可以进行相关问题的探讨和发挥。坚持口头表达和书面表达并重的原则。

（5）“阅读课文”编排体例基本同课文，右栏旁注内容仅为非核心词的释义。

“生词”为阅读课文核心词，生词量少于课文核心词。

（6）“词语辨析”选择当课核心词中常用且容易混淆的词语，深入浅出地从词汇意义、句法功能、使用范围、感情色彩、语用语体等方面进行多角度辨析，加强学生对近义词用法的分辨能力，提高学生的语言运用能力。

（7）“篇章训练”帮助学生从语段表达向篇章结构过渡，针对当课课文从文体特点、结构布局、段落衔接、写作技巧等方面设计篇章知识介绍，并配以适当的练习进行巩固。

（8）“文化点滴”选择与当课相关的文化点，兼顾学习者的关注点，知识性与趣味性并重，传统与现代结合，旨在引导学生了解中华文化，增强对中华文化的认同感。

（9）“经典诵读”用传统诵读让学生感受汉语的音律之美，增强学生学习兴趣。诵读内容包括名家名言、传统蒙学教材、国学典籍中的代表性段落，旨在引导学生习得中华文化的精髓。

四、余言

《中级华文》教材是专门为来华学习的华裔学生编写的、适合华裔子弟学习中级华文的综合课主干教材。教材编写是一项复杂而艰巨的工作，系列教材编写更是一项需要缜密部署的系统工程。在编写前期，教材组对在校学习者、资深教师做了大量细致的调查，就教材编写理念、内容选取、体例版式进行了反复探讨。在历时两年多的编写过程中，编者们群策群力，倾注了极大的热情和心血，投入了大量的时间和努力。初稿完成后进行了试用，根据使用者的意见再次修改，其中不乏多次试用、多次修改之处。尽管如此，教材中仍难免存在疏漏之处，欢迎各位教材使用者提出宝贵建议，以便在可能的情况下进一步修改和完善。

《中级华文》教材编写组
2017 年 2 月 15 日

目录

第一课

课前准备

1. 世界上有哪几个大洋？你知道“西洋”说的是哪里吗？
2. 你们听说过“三宝垄”和“三宝庙”吗？为什么这些地名里都有“三宝”呢？

课文

郑和下西洋

郑(zhèng)和原来姓马，小名三宝，回族人。小时候被明太祖赐(cì)给燕(yān)王做侍(shì)从。三宝长大后身高体壮、聪明能干，还立过战功，因此燕王非常信任他，并赐给他“郑和”这个名字。

被＋动＋给＋做……：例：我买的玩具被妈妈送给表妹做礼物了。

赐：过去，地位高的人或长辈把财物送给地位低的人或晚辈。

侍从：保护或服务地位高的人的人员。

明成祖的时候，中国非常强大[1]，皇帝想派使团[2]出海，与西洋的各国做贸易[3]。文武双全[4]的郑和就成了明成祖心目中最佳的人选[5]。

1405年6月，明成祖正式派郑和为使者[6]，带领一支船队出使“西洋”。那时候人们叫的“西洋”，指的是中国南海以西的地方。郑和带的船队，一共有27 800多人，除了士兵和水手以外，还有很多技术人员、翻译、医生

出使：接受外交使命到外国去。

A指的是B：例：“三宝”指的是郑和。

等。他们乘坐62艘大船，这种大船长44丈(zhàng)（一百四十多米），宽18丈（大概六十米）。这些大船在当时是世界上一流[7]的船队，航海[8]技术也是当时最先进的。船队从苏州刘家河（今江苏太仓(cāng)浏河）出发，经过福建沿海[9]，浩浩荡荡(hào hào dàng dàng)，扬帆(yáng fān)南下。

经过几天几夜的航行，船队首先到了占(zhàn)城国（今越南南方），接着又到了爪哇(zhǎo wā)、旧(jiù)港（今印度尼西亚苏门答腊(là)岛东南岸）、苏门答腊、古里、锡(xī)兰等国家。每到一处，郑和先把明成祖的信件递交[10]给当地的国王，并且送上茶叶、瓷(cí)器和丝绸等礼物，希望与他们和平交往[11]。许多国家看到郑和带了那么大的船队，态度友好，并不是来威吓[12]他们的，都热情地接待[13]他。

郑和第一次出使，直到第三年9月才回到中国。西洋各国的国王也都派了使者跟着他一起回访。各国使者拜见[14]了明成祖，送上大批珍贵[15]的礼物，例如象牙、宝石等，还有非洲的狮子、长颈鹿(jǐng lù)、鸵(tuó)鸟等奇特的动物。明成祖见郑和把出使的任务完成得很出色[16]，高兴得眉开眼笑[17]。

从1405年到1433年的将近三十年里，郑和前前后后一共出海七次，航线从西太平洋穿越[18]印度洋，直达西亚和非洲东岸，到过三十多个国家和地区，包括现在的柬埔(jiǎn pǔ)寨(zhài)、新加坡、伊(yī)朗、肯尼(ní)亚等国。郑和每到一个地方，都受到热烈欢迎和友好接待。他每次结束访问[19]回国时，都有许多外国使团跟着他来到中国。他不仅带回许多当地的特产[20]，还带回了各国人民的友谊。1430年，朝廷(cháo tíng)派郑和

丈：1丈≈3.33米。

浩荡：例：～的队伍；～的船队

扬帆：拉开帆（开船）。例：～远航；～前进

回访：在对方来访问后去拜访对方。

例如：后面的小句举例说明前面小句的情况。

得：例：困～睁不开眼；爱～死去活来；恨～咬牙切齿

航线：航行的路线。

朝廷：中国古代的中央机构。

进行第七次远航，那时候他已经六十岁，仍然坚持担当[21]重任[22]，再次漂洋过海[23]。但他在这次出海归来[24]的路上因为太过劳累去世了。

郑和船队的航行比哥伦布发现美洲大陆早 87 年，比达·伽马航线早 92 年，比麦哲伦(mài zhé lún)航线早 114 年。在世界航海历史上，他开辟[25]了贯通太平洋西部与印度洋等大洋的直达航线。他们白天用指南针导航[26]，夜间则靠观看星斗和水罗(luó)盘辨认[27]方向来保持航向，展示[28]了中国当时发达的造船水平和航海技术。更重要的是，郑和下西洋促进[29]了中国和亚非各国的友好来往[30]。直到现在，在许多亚非国家还能看到与郑和有关的遗迹[31]，比如爪哇(zhǎowā)的"三宝垄(lǒng)"、泰国的"三宝庙(miào)"、印度古里的纪念碑(bēi)等。

贯通：连接。例：～南北；上下～；～中西医

星斗：星星（总称）。

比如：例如，举例说明。

庙：纪念历史名人的地方。

碑：例：纪念～；石～；界～

（根据《上下五千年》同名篇目改编）

生词

强大[1]	qiángdà	形	例：～的国家　阵容～
使团[2]	shǐtuán	名	例：这个外交～共有二十个人。
贸易[3]	màoyì	名	商业活动。例：对外～　中外～　～公司
文武双全[4]	wénwǔshuāngquán		文才和武艺都很好。例：大家都希望成为～的人。
人选[5]	rénxuǎn	名	为一定的目的挑选出来的人。例：她是参加这次舞蹈比赛的最佳～。
使者[6]	shǐzhě	名	按命令做事情的人（现在多指外交人员）。例：大熊猫是中国最有名的和平～。
一流[7]	yīliú	形	第一等的，最好的。例：参加比赛的都是世界～的选手。
航海[8]	hánghǎi	动	例：郑和是伟大的～家。

沿海[9]	yánhǎi	名	靠近海的一带。例：~城市　~一带　~地区
递交[10]	dìjiāo	动	例：~申请书　~辞职信
交往[11]	jiāowǎng	动	互相来往。例：他不喜欢和人~。 【近】来往
威吓[12]	wēihè	动	例：用武力~别人不会交到真正的朋友。
接待[13]	jiēdài	动	例：~朋友　~来宾　~室
拜见[14]	bàijiàn	动	例：过年了，我们带着礼物去~恩师。
珍贵[15]	zhēnguì	形	宝贵。例：一份~的礼物　~的记忆
出色[16]	chūsè	形	特别好，超出一般。例：表现~　~的成绩
眉开眼笑[17]	méikāi－yǎnxiào		例：我找到了一份好工作，爸爸妈妈高兴得~。
穿越[18]	chuānyuè	动	穿过、经过。例：~沙漠　~边境　~时空
访问[19]	fǎngwèn	动	例：~获奖者　总统正在中国~
特产[20]	tèchǎn	名	例：你的故乡有什么~？
担当[21]	dāndāng	动	例：~重任　勇于~
重任[22]	zhòngrèn	名	例：这些~就让我们一起来完成吧！
漂洋过海[23]	piāoyáng－guòhǎi		例：只要你愿意，我~也要来看你！
归来[24]	guīlái	动	例：海外~　学成~　胜利~
开辟[25]	kāipì	动	例：~新航线　~市场
导航[26]	dǎoháng	动	例：用手机~很方便。
辨认[27]	biànrèn	动	例：~方向　~笔迹　无法~
展示[28]	zhǎnshì	动	清楚地、明显地表示出来。 例：《静夜思》充分~了诗人对故乡的思念。
促进[29]	cùjìn	动	例：~发展　~交流　~合作　~汉语水平的提高
来往[30]	láiwǎng	动	例：经常~　禁止~　父母反对我们~ 【近】交往
遗迹[31]	yíjì	名	例：历史~　古代村落的~

谈一谈

1. 古时候的“西洋”指的是现在的哪些地方？
2. 明朝的皇帝为什么派郑和出使西洋？
3. 为什么说郑和的船队在当时是一流的？

4. 郑和一共下了几次西洋？他带去的礼物有哪些？回访的使者带了哪些奇特的礼物？

5. 郑和的船队靠什么辨认方向？

6. 为什么说郑和下西洋促进了中国和亚非各国的友好往来？

7. 小组讨论（一人记录每人看法的关键词，一人负责汇报本组主要看法）：

（1）郑和的船队在大海上航行，靠什么确定方向？

（2）你知道哪些确定方向的方法？

阅读课文

丝绸之路

历史上曾经记载过这样一个故事：有一次，古罗马的凯撒（kǎi sà）大帝去剧场看戏，他身上那件华丽[1]的长袍让所有观众目瞪（dèng）口呆。大家目不转睛地盯着皇帝的新衣服赞不绝口，连看戏的心思都没有了。一打听，才知道那件漂亮的长袍是用中国丝绸做的。

目瞪口呆：形容非常吃惊的样子。例：看到这种情景，他吓得~。

从那以后，中国丝绸在欧洲各国出了名：用丝绸制作的衣服，成了最流行的服装[2]；华丽的丝绸成了最珍贵的衣料，甚至和黄金的价格一样。人们把中国叫做“赛里斯”，就是“丝绸之国”的意思。

那时候，交通不便，没有公路和铁路，更没有汽车和飞机，罗马在中国西边七千多公里的地方，中间隔着沙漠、高山和荒野，沿（yán）途还可能出现强盗（dào）和野兽（shòu），中国丝绸是怎么运到欧洲的呢？

沿：例：~路；~江；~着

强盗：抢别人钱财的人。

野兽：野生的动物。

原来，有一条横贯亚欧、以丝绸贸易为主的“丝绸之路”。这条道路以当时中国的首都长安（今西安）为起点[3]，一直到达罗马。为了开辟这条道路，汉代伟大的外交家张骞(qiān)献出了一生的心血。

古时候，中国人把玉门关和阳关以西的地方都称为“西域(yù)”。公元前139年，张骞奉皇帝汉武帝的命令出使西域，想联合西域的几个国家共同抗击匈奴(xiōng nú)。他带着一百多人从长安出发，过了黄河，进入了一望无边的沙漠。他们依靠太阳和星星来定位[4]，想躲开匈奴的骑兵，但还是不幸被发现了。战斗中，张骞他们因为人少又不熟悉环境，死的死，伤的伤，活下来的都当了俘虏(fú lǔ)。

抗击：例：~敌人；英勇~

一望无边：一眼看不到边。例：~的大海；~的麦田；~的蓝天

俘虏：打仗时被抓住的敌人。

张骞被关在草原上，匈奴人让他放牛放羊，他的一举一动都有人监视[5]着。牧草由绿变黄，又由黄变绿；大雁向南飞去，又从南方飞回，一转眼11年过去了。张骞慢慢地跟当地人学会了匈奴话，还和匈奴的牧人融洽相处。在这11年里他悄悄地记住了周围的地形、道路、泉水等情况。他耐心地等待着、准备着，终于在一个黑夜里抓住了机会，带着人马逃走了。张骞等人忍受[6]着炎热和干渴，穿过沙漠，翻过雪山，终于到达了西域各个国家。

人马：例：一队~；全部~

公元前126年，经过千难万险，出使西域13年的张骞终于回到了长安，当初[7]出发时的一队人马只剩下了两个人。张骞向汉武帝介绍了西域各国的风土人情。听了他的讲述[8]，人们才知道，原来西域并不是神仙居住的地方，也不是传说中草木不生的恐怖世界，在那里有许多希望和汉朝友好往来的国家，于是汉武帝派张骞再次出使西域。公元前119年张骞第二次出使西域，和西域各国一起共同抗击了匈奴，并且开辟了这条“丝绸之路”。

风土人情：某个地方的自然环境和风俗习惯的总称。

这条以长安为起点，经过河西走廊，通过西亚，直到欧洲的交通要道——“丝绸之路”从此就畅通无阻了。一支支骆驼商队在这漫长的商贸大道上行进，中国的丝绸、茶叶、铁器和四大发明等慢慢地传到了西方；西域

的胡萝卜、葡萄、汗血马以及佛教、绘画艺术等也传到了中国。“丝绸之路”成为一条促进亚欧商贸交流和人类文明发展的要道。

两千多年后的今天，一座“丝绸之路”的巨型石雕(diāo)矗立在西安市外，那驮(tuó)着彩绸的骆驼和高鼻凹眼的西域商人栩栩如生。每当人们凝(níng)望这组石雕，仿佛看到了当年商队川流不息[9]的盛况，听到了大漠中的悠悠驼铃声……

石雕：石头雕刻的塑像。

凝望：专注地远望。例：～远方；～窗外

（作者：金涛，根据人教版课标本第10册《丝绸之路》改编）

生词

华丽[1]	huálì	形	例：～的服装　～的语言　～的皇宫
服装[2]	fúzhuāng	名	例：民族～　传统～　各国～　统一的～
起点[3]	qǐdiǎn	名	开始的地方或时间。 例：到中国留学是我人生的新～。 【反】终点
定位[4]	dìngwèi	动	例：古代的人常常通过太阳、星星的位置来～。
监视[5]	jiānshì	动	例：他的一举一动都受到了敌人的～。
忍受[6]	rěnshòu	动	例：无法～　～不了　不堪～
当初[7]	dāngchū	名	时间名词。从前。 例：想～　何必～　～我就不该同意
讲述[8]	jiǎngshù	动	例：他跟爸爸妈妈～了事情的经过。
川流不息[9]	chuānliú－bùxī		形容行人、车马等像水流一样连续不断。 例：高速路上的车辆～。

词语辨析

1. 参观　访问

相同：

词义差不多，都是指去了解情况。

例：明天，我们要去参观那所学校。（访问）

不同：

在和宾语的搭配上有很大的区别。

（1）“参观”的对象是地方，“访问”的对象是人。

例：上星期我们访问了一位华文学校的校长。（×参观）

　　我想去参观那个图书馆。（×访问）

（2）“参观”是实地仔细地观察，去看某个地方和那个地方的各种东西；“访问”是在某个地方有目的地跟人交谈，它的对象是人。

例：我们参观了暨南大学。（我们看了暨南大学的校园、教学楼、图书馆、学生宿舍、食堂等地方。）

　　我们访问了暨南大学。（我们跟暨南大学的师生一起座谈，通过交谈了解暨南大学的情况。）

搭配：

参观——去～/～学校/～校园/～工厂/～一下/随便～

访问——去～/～学校/～校长/～中国/～一周/正式～

练习：

（1）下个星期将有一个代表团来我们学校（　　）。

（2）菲律宾总统对中国的这次（　　）取得了圆满的成功。

（3）他的工作就是带领客人（　　）整个工厂。

2. 交往　来往

相同：

都可以做动词，表示人与人之间交际往来、打交道。句子中交往的双方都要出现。

例：我跟他交往过一段时间，对他有一些了解。（来往）

不同：

（1）“来往”既可以用于国家或团体之间，又可以用于个人之间；而“交往”只能用于个人之间。

例：自 2000 年以来，两国的来往日益频繁。（×交往）

（2）“来往”还可以表示“来和去”。

例：马路上来往车辆很多。（×交往）

搭配：

交往——没有～/～很多/经常～

来往——没有～/～很多/经常～/～车辆/书信～

练习：

（1）我们俩（　　）的时间很短。

（2）以前没有电话，我们都是靠书信（　　）。

段落训练

1. 各国使者跟随郑和回访中国时，送了哪些珍贵的礼物？请根据下面的提示复述这些礼物：

（1）总情况介绍。

（2）举例说明：例如……还有……比如……

2. 文章介绍了哪些跟郑和有关的文化遗迹？文章用什么方式来介绍的？

3. 你的国家一定也有很多文化遗迹吧？请用题 1 中举例说明的方法介绍一下。

文化点滴

司南与水罗盘

指南针是中国古代四大发明之一。在指南针发明以前，人们在茫茫大海上航行，只能靠太阳和星星来辨认方向。如果遇到阴雨天，就很容易迷失方向。中国人发明的司南和水罗盘帮助人们解决了这个问题。

早在战国时期，中国人就发现磁石指示南北方向的特点，并根据这个特点制作了指示方向的仪器——司南。司南由一把光滑的磁勺和刻有方向的铜盘组成，勺把指示的方向是南方，勺头指示的方向是北方。宋朝，人们把经过人工磁化的指南针和方位盘结合起来，制成了“罗盘”。水罗盘是罗盘中的一种，是把磁针放在一个中间凹处盛有水、边上标有方向的盘子里，磁针浮在水上能够自由地旋转，静止时两端分别指向南北。这种指南仪器比司南更加灵敏，古代航海的船上装有水罗盘。南宋时，指南针经“丝绸之路”传到了欧洲，被称为“水手之眼”。

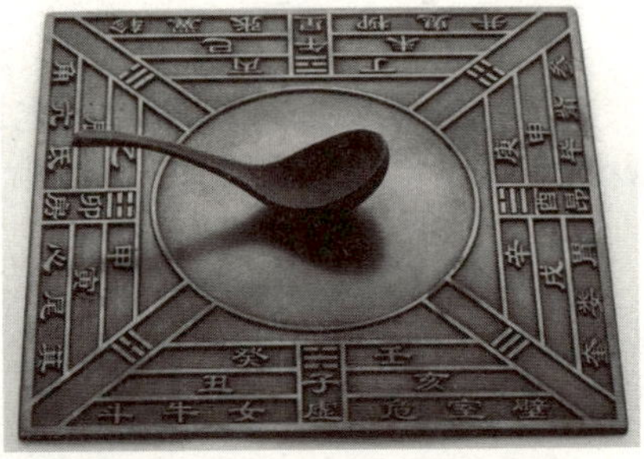

司南

水罗盘

指南针的发明，给航海事业带来了划时代的影响。明朝初期郑和七下西洋，15 世纪哥伦布发现新大陆和麦哲伦环绕地球航行等，都是靠指南针辨认方向的。

（根据《中国文化常识》相关文章改写）

经典诵读

hǎi tiān yá cǐ
1. 海上生明月，天涯共此时。（【唐】张九龄《望月怀远》）

译：一轮明月在海上升起，你我虽然天各一方，但此时可以共赏这一轮海上明月。

kuò píng yú yuè gāo rèn niǎo fēi
2. 海阔凭鱼跃，天高任鸟飞。

译：广阔无边的大海可以任由鱼儿跳跃，宽广辽阔的天空可以任由鸟儿飞翔，比喻在广阔的天地里，人们可以自由地施展才能。

练习

一、朗读

27800 多人	62 艘大船	长 44 丈	长 140 多米	宽 18 丈	宽约 60 米
一支商队	一队人马	一座石雕	四大发明	千难万险	一举一动

一望无边　一流的船队　每到一处　一生的心血　一转眼　有一次
一去二三里　烟村四五家　亭台六七座　八九十枝花　高兴得眉开眼笑
困得睁不开眼　爱得死去活来　恨得咬牙切齿

二、连线题

A. 强大的	1. 来宾
B. 文武	2. 人选
C. 一流的	3. 校长
D. 当地的	4. 眉开眼笑
E. 开辟	5. 双全
F. 高兴得	6. 申请
G. 拜见	7. 技术
H. 接待	8. 国家
I. 最佳	9. 特产
J. 递交	10. 新航线

三、选词填空

辨认　贸易　使者　展示　信件　导航　担当　交往

1. 麻烦你帮我________一下这是什么字？
2. 他们________了三年，今年终于结婚了。
3. 我学习商务汉语是希望以后能跟中国人做国际________。
4. 鸽子被认为是和平的________。
5. 汉语话剧表演充分________了同学们的汉语水平。
6. 现在已经很少有人用________来联系了。
7. 我们年轻人要勇于________社会责任。
8. 现在的年轻人喜欢用 GPRS ________。

四、完成对话

1. A：据说________________（一流）

   B：难怪这些画都这么漂亮！

2. A：你的汉语怎么说得这么地道？

   B：________________（交往）

3. A：你的小名是什么？

B：________________________________（小名）

4. A：这次演讲比赛你参加吗？

B：________________________________（人选）

5. A：你的故乡有什么特产？

B：________________________________（特产）

6. A：听说你去西安旅游了，西安怎么样？

B：________________________________（遗迹）

7. A：你不想在公司干啦？

B：________________________________（递交）

8. A：小明踢足球踢得太好了！

B：________________________________（最佳）

五、模仿造句

1. 明成祖见郑和把出使的任务完成得很出色，高兴得眉开眼笑。（动词＋得……）

（1）听到这个坏消息，他伤心得________________________。

（2）今天打了一天的排球，我累得________________________。

（3）马上就要考试了，我紧张得________________________。

2. 那时候人们叫的“西洋”，指的是中国南海以西的地方。（指的是）

（1）唐代的“长安”，指的是________________________。

（2）中国人说的________，指的是________________________。

（3）“书同文”，指的是________________________。

3. 各国使者拜见了明成祖，送上大批珍贵的礼物，例如象牙、宝石等。（例如）

（1）我喜欢的中国歌曲有很多，________________________。

（2）____________，________________________。

（3）____________，________________________。

六、排序练习

下面这九段话，正确的顺序是：________________

1. 鲁班是中国古代著名的木匠。据说，伞就是他发明的。

2. 妹妹试了试，说：“要是能在用的时候把它撑开，不用的时候又能折起来，就更好了。”

3. 有一天，鲁班和妹妹到西湖游玩。忽然下起了大雨，游人被淋得四处躲藏。

4. 忽然，鲁班抬头看见一群小孩儿在雨里玩儿。他们每个人头上都顶着一片荷叶。那些落在荷叶上的雨珠不停地向四周流去。

5. 鲁班又反复试了许多次，终于造出了能开能合的伞。

6. 妹妹说："可是要游遍整个西湖，得修多少亭子啊！"鲁班想：要是能造出一种既能挡雨又能带着走的东西，该多好哇！

7. "有办法了！"鲁班兴奋地对妹妹说。鲁班跑回家，照着荷叶的样子，先用竹条扎好架子，再蒙上羊皮……

8. 鲁班说："我在湖边盖几个小亭子，就不怕日晒雨淋了。"

9. "唉！"妹妹叹了口气说，"要是在雨天也能游西湖多好哇！"

七、熟练背诵下列语段

1. 那时候人们叫的"西洋"，指的是中国南海以西的地方。

2. 有一次，古罗马的凯撒大帝去剧场看戏，他身上那件华丽的长袍让所有观众目瞪口呆。大家目不转睛地盯着皇帝的新衣服赞不绝口，连看戏的心思都没有了。

3. 牧草由绿变黄，又由黄变绿；大雁向南飞去，又从南方飞回，一转眼 11 年过去了。

4. 每当人们凝望这组石雕，仿佛看到了当年商队川流不息的盛况，听到了大漠中的悠悠驼铃声……

八、阅读理解

真实的西游记——玄奘（xuán zàng）和尚取经

玄奘十三岁时出家做和尚，开始认真研究佛（fó）学。他发现过去翻译的佛经有很多错误，又听说天竺（zhú）（今印度）有很多佛经，就决定到天竺去学习。

627 年，二十八岁的玄奘从长安出发，过了凉州以后就进入了八百里大沙漠。走了一百多里之后，玄奘发现自己迷路了。就在这时又出现了更致（zhì）命的问题，他拿起水袋喝水时，一不小心把水袋里的水全都打翻在沙土上了。没有水，怎么可能走出沙漠呢？绝望中的玄奘想返回去取水，他往回走了十几里，忽然想起临走时立下的誓(shì)言——不到天竺，绝不后退！现在怎么遇到困难就后退了呢？想到这里，他转身继续朝西前进。一望无边的大沙漠里，上不见飞鸟，下不见走兽，只有影子相随。有时一阵大风吹起满天沙尘，又像暴雨一样落下来。玄奘在沙漠里走了五天四夜，没有一滴水喝，口渴得像火烧一样，最后昏倒在沙漠里。到了第五天半夜，凉风才把他吹醒过来。他牵着马又走了十几里，终于发现了一片草地和一个池塘，这才得救了。即使在今天，我们也很难想象，一个五天四夜滴水未进的人，究竟是怎样走出那片死亡之地的。

后来玄奘又翻过雪山走过冰河，经过千辛万苦才到达了天竺。天竺是佛教的发源(yuán)地，玄奘在天竺各地游历，向高僧学习。有一次，他在乘船的时候碰到一群强盗。这群强盗每年秋天都要杀个人祭神，他们看中了玄奘，要把他杀了。玄奘再三请求也没用，只好闭着眼睛念起经来。这时正好吹来一阵狂风，河水差一点打翻了船。强盗们害怕了，赶紧把玄奘放了。这件事很快传开了，大家都认为玄奘真的有佛法保护。

天竺有个高僧叫戒贤法师，玄奘跟他学了五年，把那里的佛经全都学会了。信佛的国王听到玄奘的名声，专门为玄奘开了一个隆重的讲学大会。天竺三千多位高僧都来听玄奘演讲。大会开了十八天，大家对玄奘的精彩演讲十分佩服。玄奘在天竺学习了整整十四个年头，这十四年里，他从一个普普通通的留学生成了闻名天竺的佛学大师。

645年，玄奘带着六百多部天竺佛经回到了离别十多年的长安。玄奘和尚取经的事迹引起了轰动，连大唐皇帝都召(zhào)见了他。从此，玄奘就开始专心翻译带回来的佛经。会使用梵(fàn)文和汉文两种语言的玄奘主持整个翻译工程，他白天翻译佛经，晚上写西行的游记，每天的睡眠时间不足四个小时。他用了整整十九年的时间，翻译出一千三百三十五卷佛经，这是一个惊人的成就。他还编写了十二卷本的《大唐西域记》，在这本书里，他把自己到过的和听说过的一百二十多个国家的风土人情都记了下来。此外，他还把中国的《道德经》翻译成了梵文，传往印度。

玄奘的经历很传奇，后来流传了很多关于唐僧取经的传说，说他带着孙悟空等徒弟制服了许多妖怪，战胜了八十一个困难才取回真经。

到了明朝，小说家吴承恩(chéng ēn)根据这些传说和玄奘的游记写成了《西游记》，但是那里面的故事，跟真正的玄奘取经的经历已经很不一样了。

（根据《上下五千年》同名篇目改编）

根据文章内容判断正误，正确的请在括号里打√，错误的请打×。

1. 玄奘从小就希望到天竺取经。 （ ）
2. 在沙漠里，没有水是致命的。 （ ）
3. 玄奘遇到了一群强盗，他们想抢玄奘的财物。 （ ）
4. 国王为玄奘开的讲学大会开了整整十四天。 （ ）
5. 玄奘懂得梵文和汉语两种语言。 （ ）
6. 玄奘翻译了一千多卷佛经，还写了《大唐西域记》和《道德经》。 （ ）
7. 玄奘克服了八十一个困难才取回真经。 （ ）
8. 明朝的小说家吴承恩根据玄奘的传说写了小说《西游记》。 （ ）
9. 《西游记》的故事是真实的。 （ ）

九、趣味汉语

汉语词语中有不少含有数字的词语，例如："一望无际"中含有数字"一"。请大家说出含有数字的成语或四字词语，然后选出一组含有数字"1～10"的词语，选出一组含有"百、千、万"的词语。

例如：

一：一心一意　一帆风顺

第二课

课前准备

1. 你知道星岛是哪个国家吗？这个国家有什么特点？
2. 你见过梅花吗？你觉得在中国人心目中“梅花”代表什么意思？
3. 在你的国家，会用花来表达特别的意思吗？请简单介绍一下。

课文

墨梅图

故乡[1]的梅花又开了。那朵朵冷艳[2]，缕(lǚ)缕幽香[3]，总使我想起漂泊[4]异(yì)乡、葬(zàng)身异国的外祖父。

异乡：外乡、外地。

我出生在东南亚的星岛，从小和外祖父生活在一起。外祖父年轻的时候读了不少经、史、唐诗、宋(sòng)词，又能书善画，在星岛文坛颇负盛名(tánpō fù shèng)。我很小的时候，外祖父常常抱着我，坐在梨花木大交椅上，一遍又一遍地教我读唐诗宋词。读到“独在异乡为异客，每逢佳节倍思

坛：例：文～；体～；乐～

盛名：非常有名。例：姚明在美国颇负～。

亲”时，常有冰凉的泪珠[5]落在我的腮(sāi)边、手背。这时候，我会拍着手笑起来：“外公哭了！外公哭了！”老人总是摇摇头，长长地叹一口气，说：“莺(yīng)儿，你还小呢，不懂！”

> 叹气：可以合起来用（叹气），也可以分开来用（叹了一口气）。

外祖父家中有不少古玩，我偶尔摆弄，老人也不怎么在意[6]。唯独[7]书房里那一幅墨梅图，他分外[8]爱惜[9]，家人碰也碰不得。我五岁那年，有一回到书房玩耍(shuǎ)，不小心在上面留了个脏手印，外祖父顿时拉下脸来。有生以来，我第一次听到他训斥[10]我妈：“孩子要管教[11]好，这清白[12]的梅花，能随便摸吗？”说完，便用刀片轻轻刮去污(wū)痕(hén)，又用细绸(chóu)子慢慢抹[13]净。看见慈祥[14]的外公发脾气，我心里又害怕又奇怪：一幅画，有什么稀奇[15]呢？

> 玩耍：玩。
>
> 污痕：脏的痕迹。

有一天，妈妈忽然跟我说：“莺(yīng)儿，我们要回唐山去！”

“干嘛要回去呢？”

“那儿才是我们的祖国呀！”

哦！祖国，就是那地图上像一只金鸡的地方吗？就是那拥有长江、黄河、万里长城的中国吗？我高兴得跳了起来，小小的心充满了欢乐。

> 欢乐：例：~的笑声；感到十分~；~的气氛

我马上想起外祖父，便问妈妈：“外公一起回吗？”

“外公年纪太大了！”

我跑进外祖父的书房，老人正躺在沙发上。我说：“外公，你也回祖国去吧！”

想不到，外祖父竟然[16]像小孩子一样，“呜呜呜”地哭了起来……

> 想不到：例：刚才还好好的，~一下子就电闪雷鸣了。

离别[17]的前一天早上，外祖父早早地起了床，把我叫到书房里，郑重[18]地递给我一卷白杭(háng)绸包着的东西。我不是A吗：表示强调"这是A啊"。

打开一看，原来是那幅墨梅，就说："外公，这不是你最宝贵的画吗？"

"是啊，莺儿，你要好好保存！这梅花，是我们中国最有名的花。别的花，大多是春天天气暖和才开花。她却不一样，越是寒冷，越是风欺雪压，花开得越精神。她是最有品格[19]、最有灵魂[20]、最有骨气[21]的！几千年来，我们中华民族出了许多有骨气的人物，他们不管经历多少苦难[22]，受到怎样的欺凌（qī líng），从来都是顶天立地[23]，不肯低头[24]。他们就像这梅花一样。一个中国人，无论在怎样的困境里，总要有梅花的品格才好！"

欺凌：欺负，羞辱。

回国那天正是元旦，虽然热带没有寒冬，但也有些凉飕（sōu）飕的。外祖父把我们送到码头。赤（chì）道吹来的海风缭（liáo）乱了老人平时梳理[25]得整整齐齐的银发，我觉得外祖父一下子衰老[26]了许多。泪眼[27]朦胧[28]的外祖父递给我一张手绢（juàn），雪白[29]的丝绸[30]上绣（xiù）着血色的梅花。船快开了，妈妈只好狠下心[31]来，拉着我登上大客轮。

凉飕飕：有点凉。例：风吹得～的。

手绢：手帕。

绣：例：～花；～鸟；刺～

多少年过去，每次看到外祖父珍藏[32]的这幅墨梅图和给我的手绢，我就觉得这不只是花，而且是身在异国的华侨老人一颗眷恋[33]祖国的心。

不只是A，而且是B：例：这不只是一张照片，而且是我的幸运符。

（作者：陈慧瑛，根据人教版五年级上册第6课《梅花魂》改编）

生词

故乡[1]	gùxiāng	名	家乡，老家。例：我的～在泰国清迈。
冷艳[2]	lěngyàn	形	不怕寒冷，而且美丽（多形容花）。例：～的梅花
幽香[3]	yōuxiāng	名	清淡的香气。例：淡淡的～　一缕～　阵阵～
漂泊[4]	piāobó	动	例：～异乡　～流浪　四处～
泪珠[5]	lèizhū	名	例：一滴～　一串～　晶莹的～

在意[6]	zàiyì	动	放在心上，留意（多用于否定式）。 例：毫不～　不～　别～
唯独[7]	wéidú	副	例：其他事情不用着急，～这件事情必须马上做。
分外[8]	fènwài	副	特别。例：～高兴　月到中秋～明
爱惜[9]	àixī	动	例：～时间　～公共财物　～身体
训斥[10]	xùnchì	动	严厉地批评教训。例：爸爸把他～了一顿。
管教[11]	guǎnjiào	动	教育、教导。例：～孩子　严格～
清白[12]	qīngbái	形	没有犯罪或不道德的历史。 例：她没有偷东西，她是～的。
抹[13]	mā	动	例：～布　～桌子　～脸　把衣服～平
慈祥[14]	cíxiáng	形	（老年人）慈善和气。例：爷爷是个～的老人。
稀奇[15]	xīqí	形	例：现在，汽车已经不～了，很多人家里都有。
竟然[16]	jìngrán	副	没有想到。例：经理过来检查的时候，他～睡着了。 【近】居然
离别[17]	líbié	动	例：～的时候　～多年　～家乡　～以后
郑重[18]	zhèngzhòng	形	严肃认真。例：他～地点了点头。
品格[19]	pǐngé	名	例：优秀的～　～高尚
灵魂[20]	línghún	名	良心；心灵；思想。 例：人不能为了钱出卖自己的～。
骨气[21]	gǔqì	名	例：有～　没有～　他是个有～的人
苦难[22]	kǔnàn	名	痛苦和灾难。例：～的日子　～的生活　～岁月
顶天立地[23]	dǐngtiān－lìdì		例：他是一个～的男子汉。
低头[24]	dītóu	动	例：向困难～　～认错　～认罪　低下头
梳理[25]	shūlǐ	动	例：把你的头发～一下吧！　～问题
衰老[26]	shuāilǎo	形	例：我们慢慢长大了，爸爸妈妈却渐渐～了。
泪眼[27]	lèiyǎn	名	例：离别时，大家～朦胧。
朦胧[28]	ménglóng	形	不清楚，模糊。例：雨后的西湖，烟雨～。
雪白[29]	xuěbái	名	例：～的头发　～的墙壁　～的梨花
丝绸[30]	sīchóu	名	例：～衣服穿着很舒服。

狠心[31]	hěnxīn	动	下定决心不顾一切。 例：她狠心地离开了她的孩子，再也没回来。
		形	例：我不是一个～的人。
珍藏[32]	zhēncáng	动	例：这幅画我已经～了多年。
眷恋[33]	juànliàn	动	（书面语）（对自己喜欢的人或事物）深深地留念。 例：离开故乡很多年了，我仍～着那里的一草一木。

谈一谈

1. 外祖父年轻的时候怎么样？

2. “独在异乡为异客，每逢佳节倍思亲”是什么意思？“我”小时候理解外祖父为什么流泪吗？现在理解了吗？

3. 外祖父最宝贵的东西是什么？怎么看得出来他分外爱惜？

4. 说到要回唐山去了，为什么“我”心里充满了欢乐，而外祖父却伤心地哭了？

5. 为什么外祖父把最宝贵的画送给了“我”？

6. 临走那天，外祖父做了什么？你觉得他想说的是什么？

7. 外祖父最后怎么样了？你从哪里知道的？

8. 小组讨论（小组同学一起整理讨论记录，并由一人在班上汇报本组讨论的主要结论。课后每位同学发表自己的看法并录音。）

（1）你认为梅花在中国文化中象征什么？

（2）你还知道中国哪些花有特别的含义？

阅读课文

我们心中都有一座逸（yì）夫楼

享年：敬辞。称死亡的人的岁数。

2014 年 1 月 7 日，香港 TVB 荣誉主席邵逸夫逝世[1]，享（xiǎng）年 107 岁。他的离去，对于娱乐圈来说是一大憾（hàn）事；

而对于许多普通人来说，悲痛[2]更多来自于学生时代的记忆——那些曾经使用或者正在使用着的逸夫楼。

邵逸夫出生于上海，在家中排行(háng)老六。邵逸夫在中国电影史上留下了许多记录：拍摄了中国第一部有声电影，见证了中国电影从无声到有声、从黑白到彩色的历史；他创造了东方好莱坞(lái wù)和TVB的电视神话：由他创办的邵氏兄弟电影公司，出品影片超过一千部；制作的电视节目畅销全球40个国家和地区；造就了一大批家喻户晓的影视明星和大腕儿导演；他是香港娱乐圈中获得英国皇家爵士勋衔的第一人；美国旧金山市将每年的9月8日定为“邵逸夫日”；中国政府将1990年发现的一颗小行星命名为“邵逸夫星”……

“他永远用两双眼来看一部大片，一双是艺术家的眼，一双是商人的眼。”美国《时代》杂志曾这样介绍他。事实上，邵逸夫还有第三双眼——慈善[3]。

邵逸夫认为：“我的财富取之于民众，应用回到民众。”在所有公益[4]事业中，他对教育情有独钟[5]。1985年，给浙(zhè)江大学捐[6]款1 000万港元兴建逸夫科学馆；1987年，捐款1亿港元帮助内地10所大学兴建图书馆或科技馆……到2012年，邵逸夫基金共捐建了内地6 013个教育项目，超过47.5亿港元，包括图书馆、教学楼、科技楼、体育馆等，遍布31个省、市、自治区。人们曾问邵逸夫为何如此专注[7]教育事业，他解释道：“国家振兴靠人才，人才培养靠教育。”

之前，很多人熟知的逸夫楼都是在高校里，事实上，邵逸夫先生的捐助对于基础教育的发展同样功不可没。1992年，邵逸夫向内地捐款1.1亿港元，兴办的90多个教育项目中就包括100所中学和50所小学的兴建和改造。由于内地基础教育经费不足的问题更为严重，因此，邵逸夫对各地中小学的捐助真正是雪中送炭。邵逸夫对师范院校

排行：兄弟姐妹的长幼顺序。

出品：生产。例：这部电影由迪斯尼电影公司～。

命名：给予名字。

民众：人民大众。

振兴：大力发展。例：～中华；～教育

功不可没：形容某人的功劳非常大，不能忽视。

改造：把原来的事物改变得更好。例：～农田；～老屋

也给予了特别的重视，他曾说："如果一位先生可以教五十名学生，十位先生就可以教五百名，多培养师资，这样作用就大了。"

师资：可以当老师的人才。例：培训～；华文～

他的捐赠是撒网式的，近3万座逸夫楼在全国各地随处可见。在中国，来自不同地方的年轻人常常可以找到一个共同点：他们曾就读的学校里不是有一座"逸夫楼"，就是有一座"逸夫体育馆"。邵逸夫去世的消息一传出，不少学子留言"我正在逸夫图书馆里上自习呢""最美好的三年，都在逸夫楼里度过了"……大家都祈愿"六叔，一路走好"。

有网友发布[8]了一条微博："用百度地图搜索[9]邵逸夫在全国各地捐助的教育和医疗单位，结果令人震惊[10]！向邵逸夫致敬！"他贴出的这张百度地图上用红点标注了邵逸夫捐助的逸夫楼，密密麻麻。这一幢幢拔(bá)地而起的逸夫楼矗(chù)立在中华大地上，也矗立在每个人的心中，成为对邵逸夫先生最好的纪念。

向（谁）致敬：向（谁）表示敬意。

标注：标示、注明。

拔地而起：形容山峰、建筑物等高高地立着。

矗立：高高地直立着。

（作者：关开亮，据《祖国》2014年第1期发表的《我们心中都有一座逸夫楼——邵逸夫的107年》改编）

生词

逝世[1]	shìshì	动	去世。例：祖父～时，我心里十分悲痛。
悲痛[2]	bēitòng	形	例：心里十分～　～万分
慈善[3]	císhàn	形	例：～事业　～公益
公益[4]	gōngyì	名	公共的利益（多指卫生、救济等慈善事业）。例：热心～　～事业　慈善～
情有独钟[5]	qíngyǒudúzhōng		对某人或某事物特别喜爱而且感情专一。例：她对中国画～。
捐[6]	juān	动	例：～钱　～款　～助　～献

专注[7]	zhuānzhù	形	例：上课时，他～地听着老师的讲解。
发布[8]	fābù	动	宣布（命令、指令、新闻等）。 例：电视台天气预报～了大风降温的消息。
搜索[9]	sōusuǒ	动	仔细寻找。例：大家都喜欢用百度来～信息。
震惊[10]	zhènjīng	形	大吃一惊。例：听到这个消息，我感到很～。
		动	使大吃一惊。例：这个消息～了世界。

词语辨析

1. 爱惜　珍惜　爱护

相同：

都是动词，后面都可以带宾语，都表示好好对待不使受到损伤或浪费。

不同：

“爱惜”：因为对事物喜爱而爱护，对象一般是事物，可以是具体的也可以是抽象的。

“珍惜”：因为事物特别宝贵而爱护，对象一般是珍贵或美好的东西，多为幸福、健康、友谊、感情等抽象事物。

“爱护”：强调因为爱而去保护，对象多为具体事物，可以是人，也可以是事物。

例：同学们一定要爱惜时间。（珍惜；×爱护）

　我很珍惜这次来中国留学的机会。（×爱惜；×爱护）

　我们要爱护眼睛。（×爱惜；×珍惜）

搭配：

爱惜——～生命/～粮食/～时间/～东西/～人才

珍惜——～生命/～粮食/～时间/～人才/～机会/～友谊/～爱情

爱护——～生命/～粮食/～东西/～公物/～儿童/～人才/～动物/～环境

练习：

（1）我们要（　　）今天的幸福生活。

（2）什么东西他都不知道（　　），随手乱扔。

（3）我们要（　　）环境。

2. 拥有　有

相同：

都可以表示“拥有”，后面带宾语。

不同：

（1）“拥有”的宾语必须是双音节的，多是抽象名词，一般是大量的事物（人口、土地、财产等），或是特别值得骄傲的事物。

例：中国拥有13亿人口。（有）

她跟妈妈一样拥有一双大眼睛。（有）

“有”的宾语可以是具体名词也可以是抽象名词，可以是单音节词也可以是双音节词或多音节词。

例：他有一个妹妹。（×拥有）

他很有学问。（×拥有）

（2）“有”还可以表示什么地方存在什么事物。

例：桌上有一本书。（×拥有）

表示估计或比较。

例：他有爸爸高吗？（×拥有）

这条鱼有3斤多。（×拥有）

表示“多、丰富”等意思。

例：有价值；有经验（×拥有）

（3）一般来说，“拥有”都可以换成“有”，但很多“有”不能换成“拥有”。

搭配：

拥有——～丰富的资源/～……的本领/～……人口/～……土地

有——～丰富的资源/～……的本领/～……人口/～……土地/～事/～水平/～一天/～一本书

练习：

（1）我看他（　　）二十岁了。

（2）请问你（　　）什么事？

（3）那里虽然是沙漠，却（　　）丰富的石油资源。

（4）王老师(　　)三十年的工作经验。

段落训练

1. 邵逸夫对什么公益事业情有独钟？“1985年……1987年……到2012年……”，这是按什么顺序来写的？

2. 请参考阅读课文时间顺序的写法来写一段话，描述你学习汉语的经历。

（1）我学习汉语已经______年了。

（2）××××年，……

（3）××××年，……

（4）现在，……

文化点滴

“叶落归根”的思想和“思乡”的诗歌

树叶黄了，总要落到地上，回到树根的怀抱。我们的故乡就像我们的根一样，无论我们走多远，都希望能回到故乡。早期的华侨华人就像树叶一样，无时无刻不思念着故乡，希望回到故乡的怀抱。

自古就有不少诗歌描写了漂泊异乡的游子对故乡的思念之情，例如李白的《静夜思》、王维的《九月九日忆山东兄弟》：

九月九日忆山东兄弟

wéi
【唐】王维

yì wéi yì féng jiā bèi
独在异乡为异客，每逢佳节倍思亲。

yáo dēng biàn chā zhū yú
遥知兄弟登高处，遍插茱萸少一人。

译：独自一个人在外作异乡之客，每当佳节到来就更加思念故乡的亲人们。遥想故乡的亲人们今天都在登高吧，插茱萸的时候唯独少了我一个人。

经典诵读

mó lì
1. 宝剑锋从磨砺出，梅花香自苦寒来。（《警世贤文·勤奋篇》）

译：宝剑的锋利来自于不断的磨砺；梅花的清香是因为它度过了寒冷的冬季。这说明，凡事都要经过艰苦锻炼，才能取得成功。

yín pín jiàn wēi wǔ qū wèi dà zhàng fū

2. 富贵不能淫，贫贱不能移，威武不能屈，此之谓大丈夫。（《孟子·滕文公下》）

译：富贵不能使我骄奢淫逸，贫贱不能使我改变气节，威武不能使我低头屈服。这样才叫做大丈夫！

练习

一、朗读

一张手绢　一副手套　凉飕飕　冷冰冰　雪白雪白

一只金鸡　有一回　行走　银行　漂漂亮亮

一颗行星　一幅墨梅图　一颗眷恋祖国的心

叹气　叹了一口气　长长地叹了一口气

狠心　狠下心来　只好狠下心来

独在异乡为异客，每逢佳节倍思亲

遥知兄弟登高处，遍插茱萸少一人

二、请在括号里填上合适的字

冷艳的(　)(　)　一(　)幽香　爱惜(　)(　)

(　)(　)管教　一(　)训斥　(　)(　)骨气

(　)眼(　)胧　(　)天(　)地　雪白的(　)(　)

二、选词填空

分外　清白　顶天立地　慈祥　眷恋

悲痛　品格　珍藏　珍惜　稀奇

1. 这个故事提醒大家要__________时间。
2. 在中国神话中，大禹是__________的英雄。
3. 为了欢迎老朋友的到来，他拿出了__________多年的好酒。
4. 听到祖父去世的消息，我心中__________极了。
5. 看到奶奶__________的笑容，我感到很温暖。
6. 不要__________过去，最重要的是面向未来！

7. 太__________了！我以前从来没见过这种动物。
8. 爷爷一生__________，从来没做过对不起人的事情。
9. 经过我仔细打扫以后，屋子显得__________干净。
10. 诚实是最重要的__________，我们都应该做个诚实的人。

四、完成句子

1. 你说这些话，不是____________而是____________________。
2. 你不是____吗？
3. 本来我想去北京旅游的，__________________________。（想不到）
4. 屋子里散发出_________________________________。（幽香）
5. 我深深地___________________________________。（眷恋）
6. 这张照片___________________________________。（朦胧）
7. 你为何____________________________________？（狠心）
8. 他____。（在意）

五、选用下面的词语改写句子，要求保持句子意思不变

朦胧　　苦难　　稀奇　　清白　　衰老　　离别　　雪白　　泪眼

1. 有人说，痛苦和灾难是最好的老师。

改写为：____

2. 我可以证明她没有偷你的东西，她没有做错什么。

改写为：____

3. 这幅画画得不太清楚，但看起来很美。

改写为：____

4. 雪一样白的墙壁被画上乱七八糟的画儿，太可惜了！

改写为：____

5. 分别的时候，爸爸微笑着跟我挥手，但妈妈却泪眼蒙眬。

改写为：____

6. 孩子们长大了，但父母却一天天老了。

改写为：____

7. 这个东西稀少又奇怪，我从来没见过。

改写为：____

8．看见她流着泪的眼睛，我心里也难受起来。

改写为：____

六、模仿造句

1．越是寒冷，越是风欺雪压，花开得越精神。（越……越……越……）

①____

②____

2．这不只是花，而且是身在异国的华侨老人一颗眷恋祖国的心。（不只是……而且是……）

①____

②____

3．想不到，外祖父竟然像小孩子一样，“呜呜呜”地哭了起来……（想不到）

①____

②____

4．这不是你最宝贵的画吗？（不是……吗？）

①____

②____

5．他们不管经历多少苦难，受到怎样的欺凌，从来都是顶天立地，不肯低头。（不管……从来都……）

①____

②____

七、熟练背诵下列语段

1．故乡的梅花又开了。那朵朵冷艳，缕缕幽香，总使我想起漂泊异乡、葬身异国的外祖父。

2．哦！祖国，就是那地图上像一只金鸡的地方吗？就是那拥有长江、黄河、万里长城的中国吗？我高兴得跳了起来，小小的心充满了欢乐。

3．这梅花，是我们中国最有名的花。别的花，大多是春天天气暖和才开花。她却不一样，越是寒冷，越是风欺雪压，花开得越精神。她是最有品格、最有灵魂、最有骨气的！几千年来，我们中华民族出了许多有骨气的人物，他们不管经历多少苦难，受到怎样的欺凌，从来都是顶天立地，不肯低头。他们就像这梅花一样。一个中国人，无论在怎样的困境里，总要有梅花的品格才好！

八、阅读理解

下南洋的故事

晚清以来的下南洋风潮中，出现过很多充满着儿女情长、悲欢离合的故事，我今天要说的，就是其中一个。这是我朋友爷爷的故事，就称他老人家为李君吧。

大概20世纪30年代，李君从福建来到广州读书，认识了一个女孩，两人成家。李君毕业后当了船员，长期跑中国广州到新加坡的船。那时跑船时间不定，最长的会长达半载(zǎi)，每次两人都是小别胜新婚，为了生活不得不空留思念。因为跑船的特殊性，李君有些同事竟然有两个妻子两个家庭，广州和新加坡各一个，而李君一直只挂念着家中的妻子。李君最后那次回来，距上次已过去了4个月，而且顶着巨大的压力。同船的同事都不敢下船，因为日军已经占领(zhàn lǐng)了广州，并且空袭过几次了，全城都笼罩在恐怖(kǒng bù)的阴影之中。李君担心家中怀孕(yùn)的妻子，坚持要回家看一看。眼前的情形令他大吃一惊，自己租住的房子已经坍塌，妻子和邻居都不知去向，妻子唯一的姐姐也联系不上了。在那个年代，失踪(zōng)几个人再常见不过了，李君去警察局询问，却一无所获。李君像疯了一样到处寻找妻子，最后在崩溃(bēng kuì)的边缘被同事带回了新加坡。

到了新加坡，李君不断写信回广州，好几年都没有任何消息。战争结束后，李君又回到广州寻找，他决定给自己最后一次机会，如果再没有消息就重新开始新的生活。因为在新加坡，已经有一个对他爱慕(mù)已久的女孩子一直在等他。但这次他还是失望而归。

后来，李君结束了跑船的工作，在新加坡定居，和第二任妻子生了一个儿子。

如果故事就到这里结束了，我只能说人生如戏！可事实证明，真实的生活更富有戏剧性。20世纪60年代末，李君因工作原因到香港办事，竟然偶遇了自己失散的妻子！原来当时因日军轰炸(hōng zhà)，李妻受伤昏迷住进了教会医院，并在医院生下儿子。她行动不便还要照顾孩子，托朋友去打听李君的消息却一无所获。实在没有办法了，李妻只好跟着好不容易找到的姐姐一起去了香港。这一别便是三十年，如今孩子已经长大成人。李君深感矛盾，两个女人，一个对他情深义重，一个对他不离不弃。但李君相信，他们能够在茫茫人海中再次相遇，这是命中注定的缘（yuán）分。

最终，李君毅（yì）然带着第一任妻子回到了新加坡，第二任妻子倒也深明大义，被他们的缘分感动，决定退出。李君的第一任妻子表示，三人都到知天命之年，何必分彼此。于是，三个老人便一起生活了。李君和第二任妻子所生的孩子在一次游泳中不幸溺（nì）水身亡，三个老人的晚年时光，便由李君的大儿子照顾和陪伴了。

下南洋的故事千千万万，这只是其中一个。或许，在您那儿还有更曲折、更动人的呢。

（作者：佚名，根据网络资料改编）

根据文章内容回答下列问题：

1. 最后一次下船，李君的同事为什么不敢下船？他为什么一定要下船？结果怎么样？
2. 李君回到新加坡后的新生活是怎么样的？
3. 到了20世纪60年代，有了什么戏剧性的发展？李君的第一任妻子为什么失踪了？
4. 故事的结局怎么样？
5. 请结合故事谈谈第一段里的“儿女情长、悲欢离合”是什么意思？

九、趣味汉语

请判断下面这样造句正确吗？为什么？

难过：这条河很难过。

十分：这次考试我考了十分。

天真：今天真热。

其中：我的其中一条左腿受伤了。

一边……一边……：他一边脱衣服，一边穿裤子。

第三课

课前准备

1. 你去过长城吗？你见过兵马俑吗？
2. 猜一猜，图片里的是什么？

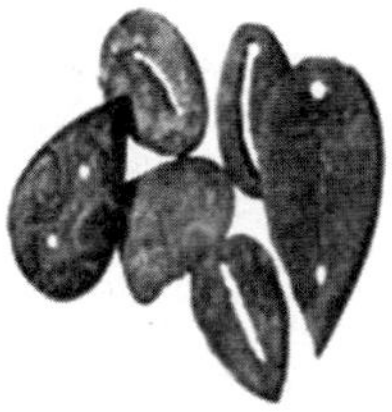  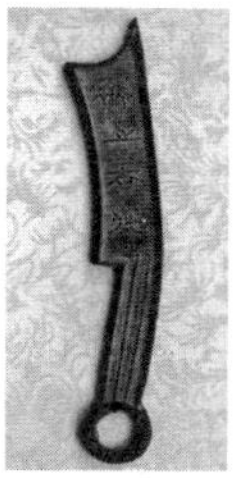 

课文

千古一帝秦始皇

今天，当我们看到雄伟壮观(zhuàng guān)[1]的长城、栩栩如生[2]的兵马俑(bīng mǎ yǒng)，自然[3]就会联想[4]到中国历史上的第一个皇帝(huáng dì)——秦始皇。

公元前221年，秦王嬴政(yíng zhèng)的大军消灭[5]了六国，结束了五百年来的战乱(zhàn luàn)，统一[6]了中国，建立[7]了中国历史上第一个多民族的中央集权(zhōng yāng jí quán)国家。他觉得自己比古代传说中的三皇五帝还要厉害，不应该再叫做

战乱：由于战争带来的混乱。

中央：~电视台；~政府

A比B还要+形容词：强调A已经很（形容词）了，不过A比B更（形容词）。例：这里的风景比我想象的还要优美。

"王"了，就决定用"皇帝"的称号[8]。因为是中国第一个皇帝，所以叫"始皇帝"，也叫"秦始皇"。

统一中国以后，秦始皇做了不少利国利民的大事。

第一件事就是"书同文"。在秦始皇统一中国以前，各个国家很多事情都不统一。就拿文字来说吧，每个国家都有自己的文字，就是同一个字，各个国家的写法也不一样，比如"马"字就有七种写法。

拿A来说：前面是概括的情况，后面用例子A来具体说明。例：我们班喜欢旅游的同学很多，就拿小明来说吧，他去过十多个国家。

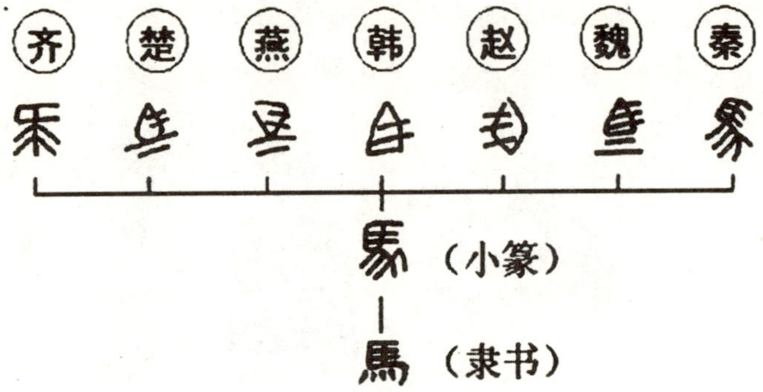

试想一下，一个楚国人到秦国做生意，想到饭店吃饭休息，走在大街上，看着商店的招牌[9]却不认识上面的字是什么意思，该多麻烦啊！为了方便书写和识别[10]，秦始皇让人对各国文字进行整理[11]，最后他们在秦国文字的基础上，参考[12]其他六国的写法，创造出一种笔画简单、字形匀称[13]、圆润(yuán rùn)的新文字——"小篆(zhuàn)"（又叫"秦(qín)篆(zhuàn)"）。后来又把小篆匀圆的线条[14]变成平直方正的笔画，这种字叫"隶书(lì shū)"。秦始皇把小篆作为官方[15]的标准文字，把隶书作为日常书写的文字。统一了文字后，全国各地不同地方的人就都能看懂了。也就是从那时候开始，汉字就逐渐[16]变成今天这样"横平竖直"的"方块字"了。

在A的基础上：例：他的成绩在上学期的基础上提高了10分。

圆润：例：~的珍珠

把A变成B：例：孩子们把操场变成了欢乐的海洋。

把A作为B：例：学校把通过HSK6级作为毕业的基本要求。

第二件大事是"车同轨(guǐ)"。那时各国的车辆大小也不一样，车道也有宽有窄。国家统一了，车辆在不同的车道上行走，很不方便。这就好比[17]今天人们出国旅行，很多国家的插头形状、尺寸[18]不一样，实在[19]麻烦。秦始皇规定所有车辆两个轮子之间都统一距离为六尺，这样所有车轮的轨道就相同了。道路有了统一的标准，全国各地的车辆行驶[20]就方便了。

chā（插）

第三件大事就是统一了货币[21]和度量衡。以前各个国家货币的形状大小也不相同，长短和重量的标准也不一致[22]。秦始皇统一中国后，把货币统一分为上币和下币两种（上币是黄金[23]，下币是圆形方孔的铜钱），还统一了轻重（斤、两）和长短（尺、寸）的标准。这样各地交通方便了，买卖和交换都没有困难了，商业也就越来越发达[24]了。

dù liàng héng（度量衡）　kǒng（孔）　tóng（铜）

孔：小洞。例：鼻～；圆～

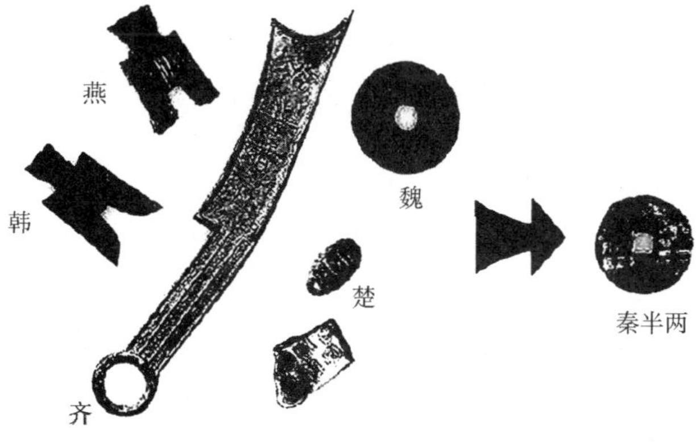

六国货币

但是，秦始皇也做了不少让老百姓[25]不满[26]的事情。为了抵抗[27]北方少数民族入侵，秦始皇命令[28]老百姓把原来北方的城墙连接起来，又新增加了不少城墙。千千万万老百姓的心血[29]终于修成了万里长城。但是修建长城的工程太浩大[30]了，不少老百姓累死累伤，还出现了“孟姜女哭倒长城”的传说。一些读书人用古代的

qīn（侵）　chéng qiáng（城墙）　mèng jiāng（孟姜）

入侵：用武力进入别国境内。例：我们要团结起来，抵抗敌人的～。

城墙：例：一堵～；厚厚的～

标准来要求秦始皇，他一生气就把那些古书都烧掉了，把那些读古书的人也都杀死了。这就是历史上著名的“焚(fén)书坑(kēng)儒(rú)”。

秦始皇本来希望自己做“始皇帝”，自己的子子孙孙能做“二世、三世……”，但是由于税负(shuì fù)重、劳役(láo yì)重，老百姓不堪[31]重负，于是站起来反抗[32]，最终秦朝(qín cháo)只存在[33]了14年就灭亡[34]了。

税负：税收负担。例：沉重的～

劳役：强迫参加的劳动。

（根据《上下五千年》中“历史上第一个皇帝——秦始皇”改编）

生词

壮观[1]	zhuàngguān	形	（景象等）宏大、雄伟。 例：远远望去，长城十分～。
栩栩如生[2]	xǔxǔrúshēng		形容生动活泼，像真的一样。 例：这幅百鸟图画得～，像真的一样。
自然[3]	zìrán	副	例：只要认真学习，～会取得好成绩。
联想[4]	liánxiǎng	动	从某个人或事物而想起其他的相关的人和事物。 例：产生～　引起～
消灭[5]	xiāomiè	动	（让）消失、灭亡。 例：～敌人　～蚊虫　～差错
统一[6]	tǒngyī	动	①部分联成整体。 例：秦始皇～了中国。 ②不一致的地方取得了一致。例：班会上，大家～了意见。
		形	一样的，一致的。 例：同学们穿上～的服装表演节目。
建立[7]	jiànlì	动	（原来没有的组织、机构等）开始成立。 例：～新国家
称号[8]	chēnghào	名	例：他获得了“优秀学生”～。

招牌[9]	zhāo · pai	名	例：这家商店门口没挂～，不知道他们卖什么。
识别[10]	shíbié	动	认出来。例：他的字写得太乱了，没办法～。
整理[11]	zhěnglǐ	动	收拾，把东西变得整齐。例：～好了　～一下
参考[12]	cānkǎo	动	做决定时，考虑到了相关的事物或情况。 例：～了老师的建议，我决定明年参加 HSK 考试。
匀称[13]	yúnchèn	形	均匀。例：他的身材很～。
线条[14]	xiàntiáo	名	例：这幅画的～很柔和。
官方[15]	guānfāng	名	例：这是他们公司的～网址。
逐渐[16]	zhújiàn	副	慢慢地。例：春天来了，天气～暖和起来。
好比[17]	hǎobǐ	动	例：人生～是一场旅行；抽烟～自杀。
尺寸[18]	chǐcùn	名	（东西的）长度。例：做衣服的时候要量好～。
实在[19]	shízài	副	真的，的确。例：他的汉字写得～太漂亮了！
行驶[20]	xíngshǐ	动	（车、船等）行走。例：高速～　急速～
货币[21]	huòbì	名	（书面语）一个国家通用的钱。 例：兑换～　～流通　发行～
一致[22]	yīzhì	形	没有分歧。例：看法～　不～　～的写法
黄金[23]	huángjīn	名	例：一两～　～首饰
		形	例：～时段　～地段　～年龄
发达[24]	fādá	形	例：工业～　～国家　不～　四肢～
		动	例：你今后～了，可别忘了老同学啊！
百姓[25]	bǎixìng	名	普通的一般人。例：普通～　老～　一个老～
不满[26]	bùmǎn	形	例：秦始皇的行为引起了百姓们的～。 【反】满意
抵抗[27]	dǐkàng	动	用力量制止敌人等的进攻。例：～敌人　～入侵
命令[28]	mìnglìng	动	例：秦始皇～老百姓修筑长城。
		名	例：一道～　皇帝的～　服从～
心血[29]	xīnxuè	名	（为做好某件事情）花费的精力。 例：花～　付出～　一生的～
浩大[30]	hàodà	形	巨大。例：～的工程　规模～
不堪[31]	bùkān	动	承受不了。例：他～重负，终于病倒了。
反抗[32]	fǎnkàng	动	用行动来反对。例：～敌人　～侵略

存在[33]　cúnzài　动　例：地球已经～46亿年了。

灭亡[34]　mièwáng　动　（国家、民族等）不存在了。
例：这座山上曾有过一个古老的民族，但后来～了。

谈一谈

1. 为什么秦始皇觉得自己应该用“皇帝”的称号？
2. 小篆和隶书分别用在什么场合？为什么说汉字是“方块字”？
3. 你知道中国传统的计量单位吗？请问一斤等于多少公斤？一尺等于多少米？
4. 秦始皇为什么要统一文字、车道、货币等？
5. 秦始皇做了哪些让百姓不满的事情？
6. 秦朝为什么很快就灭亡了？
7. 小组讨论（一人记录每人看法的关键词，一人负责汇报本组主要看法）：

（1）你认为题目中的“千古一帝”是什么意思？

（2）你觉得秦朝对中国有什么影响？你怎么评价秦始皇？讨论后每人写出300～500字的评语。

阅读课文

李时珍与《本草纲（gāng）目》

李时珍是明朝（míng cháo）伟大的医学家和药学家。他的祖父[1]和父亲都当过医生，李时珍从小受父亲的影响，常常跟父亲一起上山采集[2]草药。日子一长，他能认得各种草木，还知道什么草能治什么病。李时珍从小的志愿[3]就是做个为百姓治病的好医生。

行医：当医生。

李时珍一边行医，一边研究药物。他发现旧的药书不但内容少，有的还记错了。他想，病人吃错了药多危险啊！再说，经过那么多年了，人们又发现了许多古书上没有的草药。于是 34 岁的李时珍决心重新编写[4]一部药物书——《本草纲目》。

为了写好这部书，李时珍不但在治病的时候注意积累经验，还深入山间田野。白天，他四处采集草药；晚上，他制作[5]标本(biāo běn)整理笔记。几年里，他走遍了名山大川，行程达[6]两万多里，并虚心向各地的大夫、老百姓请教。

标本：样品。例：动物～；植物～

有一次，李时珍经过一个山村，看到前面围着一大群人。走近一看，只见一个人醉醺醺(xūn xūn)的，不时地手舞足蹈[7]，摔了好几个跟(gēn)头还笑得前俯后仰，一点儿也不觉得痛。一问，原来这个人喝了用“山茄子”泡的药酒。李时珍望着不怕摔的醉汉，心想“这药酒能麻痹(má bì)人的痛觉，可以用来做麻醉(má zuì)药吗？”于是他记下了药名。回到家，他翻遍药书，终于找到了这种草药的记载。可是药书上只说了它的书名叫《曼陀罗(màn tuó luó)》。李时珍决心要找到并研究它。后来李时珍真的在采药时找到了曼陀罗。他按照山民说的办法用曼陀罗泡了酒。过了几天，李时珍决定亲口尝一尝，亲身体验[8]一下曼陀罗的功效。他喝了一口，味道很香；又喝了一口，舌头和整个嘴巴都发麻了；再喝一口，人昏昏沉沉的，不一会儿竟发出阵阵傻笑；最后，他失去了知觉倒在地上。一旁的人都吓坏了，连忙给李时珍灌(guàn)了解毒的药。过了好一会儿，李时珍才醒过来。他兴奋极了，连忙记下了《曼陀罗》的制药、服法、反应和作用等。有人批评他太冒险[9]了，他却笑着说：“不尝尝，怎么判断它的功效呢？再说，总不能拿病人做实验吧！”就这样，一种新的麻醉药问世了。

（摔）跟头：摔倒。例：摔了一个大～。

麻醉（药）：用药物让人暂时失去知觉。

知觉：各种感觉。

灌：例：～药；～水

还有一次，李时珍先后为两个病情相同的病人开药

病情：生病的情况。

不解：不理解，不明白。

方，等病人走后，他的学生不解地问他："刚才两个人都是发烧怕冷，为什么你给那个老人药量轻，而对那个小孩反而用药重呢？"李时珍笑了笑说："那个老人反复说自己病重难好，回去后必定会多喝药水，药量轻些才合适；而那小孩哭哭闹闹，等到大人喂药时撒撒泼泼，能喂进多少呢？所以药量自然要大些才好。俗话说'十个病人十个样'，可不能一样对待[10]啊！"听了他的话，大家更敬佩[11]李时珍了。

药水：例：喝～；一瓶～

李时珍经过27年的努力，终于在1578年完成了《本草纲目》初稿（gǎo），当时他已经61岁了。在后来的近10年时间里他又做了三次修改。1596年，也就是他去世后的第三年，《本草纲目》终于正式发行。这本书共52卷，分为16部、60类，共190多万字，有药物1 892种，医方11 096个，精美[12]插图（chā）1 160幅，是中国古典医学集大成者。

初稿：第一次的稿子，没有最后确定的稿子。

发行：例：出版～

插图：例：一幅～；画～

《本草纲目》出版以后，流传到全世界，已经被翻译成日文、德文、英文、法文、俄文、拉丁文等许多种文字，在世界医药界（jiè）中占有[13]重要的地位。

界：例：体育～；教育～

（根据人教版三年级《语文》下册《李时珍》改写）

生词

祖父[1]	zǔfù	名	例：～祖母和我们一起生活。
采集[2]	cǎijí	动	收集。例：～标本　～草药
志愿[3]	zhìyuàn	名	愿望。例：他的～是当一名华文教师。
编写[4]	biānxiě	动	例：他的志愿是为当地的小朋友～一本华文教材。
制作[5]	zhìzuò	动	例：你知道怎么～这种蛋糕吗？
达[6]	dá	动	例：小明的汉语词汇量已经高～8 000个。

手舞足蹈[7]	shǒuwǔ－zúdǎo		例：一听到音乐他就～。
体验[8]	tǐyàn	动	例：今天的教学实践让我～到了老师的辛苦。
冒险[9]	màoxiǎn	动	例：去这么危险的地方旅游太～了！
对待[10]	duìdài	动	例：要根据学生的不同情况来～学生。
敬佩[11]	jìngpèi	动	例：我十分～我的父母。
精美[12]	jīngměi	形	例：～的工艺品　包装～
占有[13]	zhànyǒu	动	例：秦始皇在中国历史上～重要地位。

词语辨析

1．统一　一致

相同：

在做形容词时，都有“没有分歧”的意思。

例：开完会后，他们形成了统一的意见。(一致)

在这个问题上，大家的意见不统一。(一致)

不同：

(1)“统一”可以做动词，表示“部分联合成整体，不一致的地方取得一致”。“一致”没有这样的用法。

例：统一祖国；统一货币；统一意见；有些不同意见需要统一。(×一致)

(2) 都可以做形容词，搭配的名词不同。“一致”强调两者之间一样，没有差别。

例：舞蹈时，大家穿着统一的服装。(×一致)

中国是一个统一的多民族国家。(×一致)

有的人想的和说的不一致，说的和做的也不一致。(×统一)

搭配：

统一——～的国家/～行动/～国家/～起来

一致——～的意见/～的观点/想法不～

练习：

(1) 大家（　　）认为他是优秀的老师。

(2) 女朋友要求我跟她的作息保持（　　）。

(3) 小朋友们穿着（　　）的服装表演节目。

2. 存在　有

相同：

都是动词，都可以用来指事物持续地占据着时间或空间，还没有消失。后面接宾语，也可带“着”“了”“过”。“存在”的否定式为“不存在”，“有”的否定式为“没有、没”。

例：双方观点存在着严重的分歧。（有）

这款车已通过严格的安全测试，不存在任何安全隐患。（没有）

不同：

（1）“有”表示“存在”时，句首仅限于使用时间词语或处所词语。“有”后面为存在的主体。

例：今年冬天会有暴风雪。（×存在）

教室里有十来个学生。（×存在）

在中国历史上，秦朝只存在了14年就灭亡了。（×有）

（2）“有”还可表示领有或所属关系。

例：我有一部《现代汉语词典》。（×存在）

（3）“有”还可表示达到一定的数量或某种程度，用于比较、估计等。

例：他有他哥哥那么高了。（×存在）

河里的水有三米多深。（×存在）

（4）“存在”也可以单独使用，后面不接宾语。

例：这种情况在其他地区根本不存在。（×有）

（5）“存在”后面可以接“的”作定语，修饰的名词一般为“问题、隐患、分歧”等。

例：我们要努力解决工作中存在的问题。（×有）

（6）一般来说，“存在”比“有”更正式，但“有”的使用范围更广，很多使用“存在”的地方可以换成“有”，但很多“有”不能换成“存在”。

搭配：

存在——（不）~问题/（不）~困难/（不）~错误/（不）~的问题

有——（没）~困难/（没）~错误/（没）~问题

练习：

（1）这本书（　　）很多与历史事实不相符的错误。

（2）靠窗的桌子上（　　）一个精致的花瓶。

（3）我的哥哥（　　）十三年的飞行工作经验。

（4）我们要好好总结这半年来工作中（　　）的问题。

段落训练

1. 课文介绍秦始皇做了几件利国利民的大事？文章是怎么介绍的？请根据下面“总—分”结构的提示复述一下：

（1）总情况的介绍。

（2）第一，……

（3）第二，……

（4）第三，……

2. 请根据“总—分”结构来介绍你学习汉语的方法。

文化点滴

中国传统的度量衡

度，指测量长度的工具；量，指测量容量的工具；衡，指测量重量的工具。由于各个地方的情况有所不同，各国的计量单位也不一样。

古代，中国人用身体的某个部分或某个动作的长度来计算事物的长度，例如：尺是基本的长度单位，一尺的长度与一手的长度差不多。量是用来计算农产品多少的主要器具，因此容量的计量产生最早，大概在5000年以前，中国人就有计算容量的陶器了，但它的单位也最复杂。衡是用来表示重量的单位，发展也比较复杂。

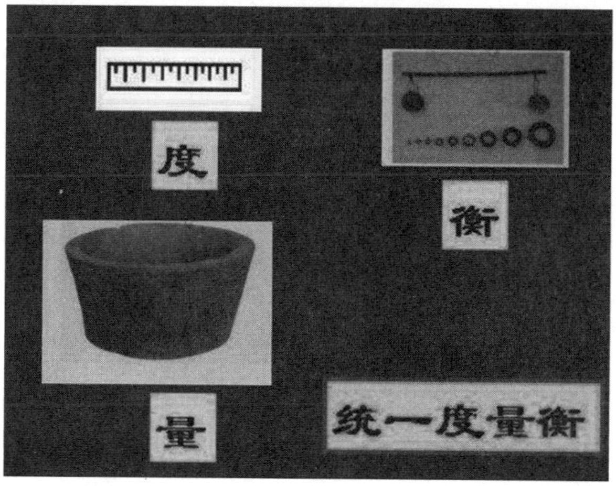

在秦始皇统一中国之前，各国的度量衡标准不一样。秦始皇统一的度包括“引、

丈、尺、寸”等；统一的量包括“斛、斗、升”等；统一的衡包括“石、钧、斤、两”等。

目前世界上公认的度量衡单位是：长度（米/m）、容量（立方米/m^3）、重量单位（公斤/kg）。现在中国人仍常用的度量衡单位有里、丈、尺、寸、亩、（市）斤、两等，与世界通用标准的换算如下：

长度：

1 里＝500 米（m）　　1 丈＝10 尺　　1 尺≈0.33m

1 寸≈3.3333 厘米（cm）　　1 亩≈666.67 平方米（cm^2）

重量：

1 斤＝10 两（旧制 16 两，新制 10 两）＝0.5 公斤（kg）

1 两＝50 克（g）

经典诵读

1. 民为贵，社(shè)稷(jì)次(cì)之(zhī)，君(jūn)为(wéi)轻。（《孟子》）

译：百姓最重要，国家次之，国君为轻。

2. 君者，舟也；庶(shù)人者，水也。水则(zé)载(zài)舟(zhōu)，亦则覆(fù)舟。（《荀子·王制》）

译：统治者就像船，老百姓就像水。水既能让船安稳地行驶，也能将船推翻吞没，沉于水中。

练习

一、朗读

雄伟壮观　　焚书坑儒　　子子孙孙　　方块字

利国利民　　横平竖直　　三皇五帝　　多民族

他比传说中的三皇五帝还要厉害　　在六国文字的基础上

说的比唱的还好听　　在去年的基础上

跑得比兔子还快　　在原来的基础上

二、请在括号里填上合适的字

消灭(　　)(　　)　整理(　　)(　　)　不堪(　　)(　　)
结束(　　)(　　)　抵抗(　　)(　　)　工程(　　)(　　)
参考(　　)(　　)　反抗(　　)(　　)　建立(　　)(　　)

三、选词填空

栩栩如生　联想　心血　百姓　统一　子孙　存在　匀称

1. 我只是一个普通__________，决定不了国家大事。
2. 徐悲鸿画的马__________，好像真的在奔跑一样。
3. 姐姐常常游泳，她说游泳可以让身材更__________。
4. 他用一生的__________建立了这所华文学校。
5. 一说到“熊猫”，人们就会__________到“中国”。
6. 中国老人习惯和__________们一起生活。
7. 前进的道路上肯定会__________不少困难。
8. 毕业论文有__________的格式。

四、完成句子

1. ______________________________，没有人表示反对。（一致）
2. ____________________，他们写出了这个电影剧本。（在……的基础上）
3. 我们班努力学习的同学很多，____________________。（拿……来说吧）
4. 我们班努力学习的同学很多，________________________。（比如）
5. 万里长城______________________________。（比……还……）
6. 为了________________，我________________________。
7. 每当________________，自然就会____________________。
8. 他把__________作为______________________________。

五、选用下面的词语改写句子，要求保持句子意思不变

识别　自然　统一　命令　匀称　货币　行驶　浩大

1. 每天坚持锻炼，身体当然健康啦！

改写为：____

2. 总统让他必须调查清楚事故发生的原因。

改写为：______________________________

3. 我花了两个小时才认出来他写的是什么。

改写为：______________________________

4. 明天的合唱比赛大家要穿一样的衣服吗？

改写为：______________________________

5. 小明长得不高也不矮，不胖也不瘦。

改写为：______________________________

6. 古时候，人们把贝壳当作买卖东西的钱。

改写为：______________________________

7. 在中国，车辆都是靠右边开的。

改写为：______________________________

8. 据说这里要修全世界最高的建筑，这是一个巨大的工程啊！

改写为：______________________________

六、连词成句

1. 消灭 国家 后 建立 六国 秦始皇 了 的 统一

____

2. 长江 轮船 下游 行驶 可以 万吨

____

3. 妈妈 我 行李 帮 把 整整齐齐 的 得 整理

____

4. 国家 任何 国家 没有 都 权利 别 的 入侵

____

5. 大学 时期 四年 我们 是 学习 知识 黄金 的

____

6. 一种 是 草书 很美 但 识别 很难 书法 的 艺术

____

7. 合适 衣服 的 不 太 这件 尺寸

____

8. 轮子 一个 骑 啊 怎么

____

七、熟练背诵下列语段

1. 当我们看到雄伟壮观的长城、栩栩如生的兵马俑，自然就会联想到中国历史上的第一个皇帝——秦始皇。

2. 他觉得自己比古代传说中的三皇五帝还要厉害，不应该再叫做“王”了，就决定用“皇帝”的称号。

3. 在秦始皇统一中国以前，各个国家很多事情都不统一。就拿文字来说吧，每个国家都有自己的文字，就是同一个字，各个国家的写法也不一样，比如“马”字就有七种写法。

4. 也就是从那时候开始，汉字就逐渐变成今天这样“横平竖直”的“方块字”了。

八、阅读理解

“书圣(shèng)”王羲(xī)之

王羲之是古代有名的书法家，被人们称为“书圣”。

王羲之学书法很刻苦，甚至连吃饭、走路的时候都在练习，真是无时无刻(kè)不在想着书法。没有纸笔，他就在身上写写画画，时间长了，衣服都被划破了。有一次，他练得忘记了吃饭，家人把饭送到书房，他拿起馒头蘸(zhàn)东西吃，吃得有滋有味，当家人看到时发现他满嘴黑乎乎的，原来他蘸的是写字的墨汁！王羲之常常在池塘边练习书法，练完就用池水清洗毛笔，时间长了，连池水也变成墨黑色了，后来大家就把这个池塘叫做“墨池”。

有一段时间，人人都表扬他的字写得好，他自己也得意(dé yì)起来。一天，他到一家饺子馆吃水饺，发现水饺是从墙那边一个个扔过来的，全都十分准确地扔到了锅里。他十分好奇，走到墙那边一看，只见一位老奶奶在包饺子，包好后，头也不抬就扔过墙去，没有一个掉在锅外。王羲之问她有什么诀窍(jué qiào)，她说：“没有什么诀窍，只不过是扔的次数多了，熟练了而已！”王羲之听后，觉得自己写字还远远没达到这种熟练程度，于是更加严格地要求自己，终于成为一代大师。

学无止境（zhǐ jìng）

苏东坡（sū pō）从小就喜欢读书，他非常聪明、过目不忘，每看完一篇文章，便能一字不漏地背出来。经过几年苦读，他觉得自己已经是非常有学问的人了。一天，他乘着酒兴，挥笔写了一副对联，让家人贴在大门口。上面写道："读遍天下书，识尽人间字。"

过了几天，苏东坡正在家看书，忽然听到家人说外面有人求见。他出来一看，是位白发苍苍的老太太。老太太指着门上的对联，问他："你真的已经读遍天下书，识尽人间字了吗？"苏东坡听后，骄傲地说："难道我会骗人吗？"老太太从口袋里摸出一本书，递上前说："我这里有本书，请帮我看看上面写的是什么？"苏东坡接过书，从头翻到尾，又从尾翻到头，书上的字竟一个也不认得。苏东坡惭愧极了，他觉得自己说大话太丢脸了，就伸手想把门上的对联撕掉。

老太太连忙阻止（zǔ zhǐ）："慢！我把这副对联改一下。"于是，在每句前面各添了两个字，改成了："发愤（fèn）读遍天下书，立志识尽人间字"，并教育他："年轻人，学无止境啊！"

（作者：佚名，根据网络资料改编）

根据文章内容完成下列题目：

1．王羲之什么时候练习书法？（　　）

A. 吃饭的时候　　B. 走路的时候　　C. 随时

2. 包饺子的老奶奶为什么不用抬头就可以准确地把饺子扔到锅里？（　　）

A. 她有自己的诀窍　　B. 她非常熟练　　C. 因为锅很大

3. 苏东坡写的"读遍天下书，识尽人间字"是什么意思？（　　）

A. 告诉大家他已经把所有的书都读了一遍，把所有的字都写了一遍

B. 觉得自己很有学问，很得意

C. 希望大家送一些书来给他读

4. 老太太为什么去找苏东坡？（　　）

A. 想让他帮忙看看书里写了什么

B. 教育他不要太骄傲

C. 想证明苏东坡真的很有学问

5. “学无止境”的意思是______________________________________。

九、趣味汉语

1. 一个外国人在一家中国餐厅里，看见墙上贴了一幅标语“小心地滑”，然后就摔倒了，请问为什么？

2. 一个外国女孩到街边吃早饭，买了豆浆、油条但不会吃。旁边的人指指豆浆，对她说：“你 zhàn（蘸）着吃。”她马上站起来，但旁人仍对她说：“你 zhàn（蘸）着吃吧！”她委屈地说：“让我 zhàn（站）着吃，我已经 zhàn（站）起来了，还要 zhàn（站）到哪儿去啊？”

请问，旁边人说的话是什么意思？

3. 在你学汉语的过程中，有闹过笑话吗？如果有，请你讲一讲。

第四课

课前准备

1. 你觉得什么是真正的爱情?
2. 说到爱情，你和你父母、你爷爷奶奶的观点一样吗?

课文

三朵玫瑰三种爱

2月14日情人节这天：复指短语。例：中国首都北京；千岛之国印尼；我们大家；春秋两季。

2月14日情人节这天，一老一中一少三个男人散完步后一块儿回家。路过一家花店，年轻男人说："等等，我进去买一朵玫瑰花。"老年男人和中年男人知道，年轻男人正在谈恋爱，年轻人约会[1]讲究[2]浪漫[3]，所以每次见面，年轻男人都会送女朋友一朵玫瑰花。

很快，年轻男人出来了，但手里拿着三朵玫瑰花，塞[4]给他们一人一朵，说："爸，这朵是送给妈的，您代[5]我交给她；爷爷，这朵是孝敬[6]奶奶的，麻烦您交给她。"

中年男人不好意思地笑着说："我和你妈都结婚二十几年了，早过了送花的年龄，多难为情[7]啊!"

老年男人更是红了脸说："我不要！那是你们年轻人

的玩意儿[8]，我们老年人不兴这个！”

但年轻男人不依，说付过钱后就不能退了，中年男人和老年男人只好收下。

年轻男人拿着玫瑰花就直奔(bèn)美容院。正好女朋友做完头发出来，看见拿花的年轻男人，旁边的姐妹们羡慕地叫了起来：“哇，好漂亮的玫瑰花啊！”“鲜花配(pèi)美人。真浪漫！”说笑着把女孩推到了年轻男人的面前。

“情人节快乐！”女朋友接过花，高兴地在年轻男人脸上吻[9]了吻，撒娇[10]地问：“亲爱的，你每次都能带给我惊喜！今天有什么安排？”年轻男人拉着女朋友说：“先去一家新开张[11]的西餐厅吃饭，然后去看电影。”说完，两人相拥而去。

中年男人回到家，妻子正在厨房做饭。他轻手轻脚[12]地走进厨房，轻柔[13]地说了声：“老婆，你辛苦了，送给你的！”妻子回过头，看见中年男人手中的玫瑰花，愣[14]了一下后绷(běng)着脸问道：“多少钱？”中年男人谨慎[15]地伸出一根手指：“十块。”“什么？十块？”妻子气愤[16]地把花一扔，高声道：“你吃饱了撑(chēng)的？花十块钱买这干什么？你知不知道现在的物价[17]涨(zhǎng)得多厉害？与其买一朵花回来，还不如买些菜回来呢！那好，买花的钱从你这个月的烟酒钱中扣[18]掉……”

中年男人灰头土脸地走回了客厅。见男人走开，妻子小心翼翼[19]地把花拾起来闻了闻，露出[20]了初恋[21]般[22]幸福的笑容。然后，找来一个干净的花瓶，装上清水，把花插了进去。妻子时不时[23]地回头看看玫瑰花，做饭的心情更加舒畅[24]了。

老年男人拿着玫瑰花在家门口徘徊[25]了十几分钟，终于鼓[26]足勇气进了门。刚进去，老太婆便朝他叫嚷[27]起来：

兴：流行。

依：依从，同意。

奔：直接向目的地走去。例：直～；～向

配：衬托、陪衬。例：绿叶～红花；～不上；他的发型和衣服不～。

吃饱了撑的：形容没把多余的精力放到该用的地方，用错了地方。例：你这是没事儿找事儿，～！

与其……不如……与其看这么无聊的电影，不如出去散散步。

"老头子，怎么这么晚才回来？是不是又和李老头下棋去了？我和你说过多少次了，不要下得太晚，下太久对身体不好……"老年男人一直低着头，插不上一句话。好一会儿，才慢慢从身后拿出玫瑰花，还没来得及开口，老太婆便惊呼起来："这花哪儿来的？"老年男人连忙[28]解释道："这是孙子买给你的，我说不要，他非要[29]我亲手送给你！"

开口：说话。例：如果有什么需要帮助的，请尽管～。

睡觉前，老太婆捧着那朵玫瑰花，激动得怎么也睡不着，嘴里喃喃（nán nán）自语道："结婚五十多年了，这还是他第一次送我玫瑰花呢……"

喃喃：连续不断小声说话的声音。

年轻男人送出的玫瑰花，在看完电影后就被女朋友随手[30]丢进了路边的垃圾（lā jī）桶；中年男人送出的玫瑰花，被妻子悉心[31]地养着，每天早上一起床就去换水，原本[32]只能开三天的玫瑰花居然[33]盛开[34]了一个多星期；老年男人送出的玫瑰花，被心灵手巧[35]的老太婆一瓣（bàn）一瓣摘了下来，在阳光下晾（liàng）干，做成了香荷（hé）包，挂在房间中，从此，家里每天都弥漫[36]着玫瑰花的芳香[37]。

居然：例：他～不肯道歉！

瓣：例：一～玫瑰；一～蒜；花～

晾干：晒干。

荷包：例：一个～；绣花～

（作者：王世虎，根据《青年博览》2012年第9期发表的同名文章改编）

生词

约会[1]	yuēhuì	动	预先约定见面。例：热恋的时候他们每天都～。
		名	事先约定好的会面。例：我今晚有个～。
讲究[2]	jiǎng·jiu	动	重视，看重。例：～卫生　中国人过年～热闹。
		形	对生活等方面要求高，追求精美。例：这个房间布置得～极了。
浪漫[3]	làngmàn	形	例：我觉得最～的事就是和你一起慢慢变老。
塞[4]	sāi	动	例：箱子里还～得下东西吗？～不下了。

代[5]	dài	动	例：请～我向你爸爸妈妈问好！
孝敬[6]	xiàojìng	动	例：～父母　～长辈
难为情[7]	nánwéiqíng	形	觉得不好意思。 例：别人都学会了，只有我没学会，多～啊！
玩意儿[8]	wányìr	名	例：他手里拿的是什么～？
吻[9]	wěn	动	例：亲～　晚上睡觉前妈妈都会～我的额头。
撒娇[10]	sājiāo	动	例：有人说会～的女孩运气好，你觉得呢？
开张[11]	kāizhāng	动	第一次营业，开业。例：～大吉　明日～
轻手轻脚[12]	qingshou – qingjiao		例：弟弟睡觉了，家里人做事情都～的。
轻柔[13]	qīngróu	形	例：声音～　～的枝条　衣料质地～
愣[14]	lèng	动	例：发～　～了一下　我～了半天没说话。
谨慎[15]	jǐnshèn	形	小心。例：小心～
气愤[16]	qìfèn	形	生气，愤恨。例：他听了那些话非常～。
物价[17]	wùjià	名	例：～稳定　～飞涨
扣[18]	kòu	动	例：这次考试我太粗心了，～了很多分。
小心翼翼[19]	xiǎoxīn – yìyì		例：他～地把钱包放在了背包的最里层。
露出[20]	lùchū	动	例：听说我考了第一名，妈妈脸上～了笑容。
初恋[21]	chūliàn	动	第一次恋爱。例：他是我～男友。
般[22]	bān	助	一样，似的。例：老师像母亲～地关心我们。
时不时[23]	shíbùshí	副	例：分别时，他～回头看我。
舒畅[24]	shūchàng	形	例：心情～　非常～
徘徊[25]	páihuái	动	在一个地方来回地走，比喻犹豫不决。 例：独自～　～不定
鼓[26]	gǔ	动	发动、振奋。例：～起勇气　～舞　～励　～动
叫嚷[27]	jiàorǎng	动	例：还没进门，儿子便大声～："我回来啦！"
连忙[28]	liánmáng	副	很快地，马上。 例：看到有老人上车，车上的年轻人～让座。 【近】急忙
非要[29]	fēiyào	副	例：你不让我去，我～去。
随手[30]	suíshǒu	副	顺便，顺手。例：出门的时候，请～关门。
悉心[31]	xīxīn	副	用尽所有的精力。例：～照料　～研究
原本[32]	yuánběn	副	例：他～是想去北京旅游的，后来改成了西安。

			【近】原来、本来
居然[33]	jūrán	副	例：从不迟到的他今天～没来考试。
			【近】竟然
盛开[34]	shèngkāi	动	例：百花～　～的玫瑰
心灵手巧[35]	xīnlíng－shǒuqiǎo		例：她～，绣出来的花鸟虫鱼栩栩如生。
弥漫[36]	mímàn	动	例：毕业的那个月，连学院的空气里都～着忧伤的味道。
芳香[37]	fāngxiāng	名	例：茉莉花有清新的～。

谈一谈

1. 情人节是中国的传统节日吗？情人节为什么要送玫瑰花？

2. 中年男人和老年男人习惯送花吗？

3. 年轻男人把玫瑰花送给女朋友，他女朋友觉得怎么样？

4. 中年男人把玫瑰花送给妻子，他妻子对他说什么？等他离开后，他妻子又做了什么？为什么会这样？

5. 老年男人为什么在家门口徘徊了很久？老太婆看到他后叫嚷什么？当他把花拿出来时，老太婆又说什么？晚上老太婆为什么激动得睡不着？

6. 小组讨论（一人记录每人看法的关键词，一人负责汇报本组主要看法）：

（1）请根据课文内容完成下表：

	年轻男人	中年男人	老年男人
买花时			
进屋前	/		
进屋后	/		
三朵玫瑰的结局			

（2）三朵玫瑰三种爱，你喜欢哪一种爱情？

阅读课文

爱情诗两首

一棵开花的树

席慕蓉

如何让你遇见我，
在我最美丽的时刻[1]。
为这，
我已在佛前求了五百年，
求他让我们结一段尘缘。
佛于是把我化作一棵树，
长在你必经的路旁。
阳光下慎重[2]地开满了花，
朵朵都是我前世[3]的盼望。
当你走近，请你细听，
那颤抖的叶是我等待的热情。
而当你终于无视地走过，
在你身后落了一地的，
朋友啊，那不是花瓣，
是我凋零[4]的心。

化（作）：变成。

（1980年10月4日）

致(zhì)橡树

舒婷

我如果爱你——
绝不像攀援(pān yuán)的凌霄(líng xiāo)花，
借你的高枝炫耀自己；
我如果爱你——
绝不学痴情[5]的鸟儿，
为绿荫重复单调的歌曲；
也不止像泉源，
常年[6]送来清凉的慰藉(wèi jiè)；
也不止像险峰，
增加你的高度，衬托(chèn tuō)你的威仪(wēi yí)。
甚至日光，
甚至春雨。
不，这些都还不够！
我必须是你近旁的一株木棉，
作为树的形象和你站在一起。
根，紧握在地下；
叶，相触(chù)在云里。
每一阵风过，
我们都互相致意，
但没有人，
听懂我们的言语。
你有你的铜枝铁干，
像刀，像剑，也像戟(jǐ)；
我有我红硕(shuò)的花朵，

致……：献给……向对方表示（情意等）。例：~我的父亲母亲；~亲爱的女儿

攀援：抓着东西往上爬，比喻投靠有钱有势的人往上爬。

慰藉：（书）安慰。

衬托：陪衬、对比。
威仪：让人敬畏的样子和行为。

触：例：~摸；碰~

致意：表示问候。

戟：古代的一种兵器。

硕：大。例：~大

像沉重[7]的叹息，
又像英勇[8]的火炬[9]。

pī lì
我们分担寒潮、风雷、霹雳；

wù ǎi lán ní
我们共享[10]雾霭、流岚、虹霓。
仿佛永远分离[11]，
却又终身[12]相依。
这才是伟大的爱情，

zhēn
坚贞就在这里：
爱——

qū
不仅爱你伟岸的身躯，
也爱你坚持的位置，
脚下的土地。

叹息：叹气。例：一声～

霹雳：一种很强的雷电。

雾霭：雾气。

霓：像虹，但颜色顺序跟虹相反，也叫副虹。

相依：相互依靠。例：～为命；～相存

坚贞：气节坚定不移。例：～的爱情；～不屈

伟岸：高大。

身躯：身体、身材。例：高大的～；伟岸的～

（1977 年 3 月）

生词

时刻[1]	shíkè	名	时间，时候。例：～表　关键～　重要～
慎重[2]	shènzhòng	形	谨慎，重视。例：去哪里留学是人生大事，你要～考虑。
前世[3]	qiánshì	名	人生的上一辈子。例：～今生　我相信这是～修来的缘分。
凋零[4]	diāolíng	动	（草木）凋谢。例：冬天到了，花草都～了。
痴情[5]	chīqíng	形	非常多情，到了痴心的程度。例：她是一个～女子。
		名	痴心的爱情。例：一片～
常年[6]	chángnián	副	很多年，长期。例：山顶上的积雪～不化。
沉重[7]	chénzhòng	形	分量大，程度深。例：心情～　脚步～　～的叹息
英勇[8]	yīngyǒng	形	例：～杀敌　～作战　～的战士

火炬[9]	huǒjù	名	例：点燃～　～传递　手举～　一个～
共享[10]	gòngxiǎng	动	例：资源～　～软件　～网络
分离[11]	fēnlí	动	例：我们不会永远～，我们一定会团圆的！
终身[12]	zhōngshēn	名	一生，一辈子。例：奋斗～　～难忘　～受益　～未娶

词语辨析

1. 小心　小心翼翼

相同：

都有“小心谨慎”的意思。

例：她小心翼翼地把汤端到餐桌上。（小心）

不同：

“小心翼翼”比“小心”在词义上的程度更深一些。

（1）“小心”可以做形容词，由“很”“非常”“十分”等程度副词修饰，后面可以加补语。

“小心翼翼”不可以加程度副词。

例：他走路很小心。（×小心翼翼）

他很小心地说话。（×小心翼翼）

（2）“小心”可以作动词，放于句首。“小心翼翼”不可以。

例：小心路上的车辆。（×小心翼翼）

搭配：

小心——很～/～地走路/～车辆

小心翼翼——～地走路

练习：

（1）她端着盆汤很（　　）地往前走。

（2）（　　）路口的车，不要被撞到了。

（3）她（　　）地告诉了我他的想法。

2. 原本　本来　原来

相同：

都可以做状语，表示过去的时间，表示“以前、从前”；句中常出现跟它们相对的时间“现在”或“后来”，表示“从前怎么样，现在的情况已经不那样了”。三者经常可以互换。

例：我原来是学历史的，后来才改学的汉语。（原本；本来）

不同：

（1）做形容词修饰名词时，“原来”表示“以前的”，“本来”表示“原有的、最开始就有的”。而“原本”只能做副词，不能做形容词，不能修饰名词。

例：这幅画太旧了，已经看不出本来的颜色了。（原来；×原本）

这和我们原来的想法完全不一样。（×本来；×原本）

他终于露出了本来的面目。（×原来；×原本）

（2）“本来”“原本”还可以表示“按照道理应该这样”，“原来”没有这样的用法。

例：原本只能开三天的玫瑰花居然盛开了一个多星期。（本来；×原来）

“本来”还可以表示对某行为的评价，与“嘛”连用，表示“应该是这样啊”。但“原来”不行。

例：每个人的看法本来就是不一样的嘛。（原本；×原来）

（3）“原来”可以表示发现了以前不知道的情况，常与“怪不得、难怪”搭配。“原本”“本来”没有这样的用法。

例：原来你是印尼人啊，怪不得你那么能吃辣！（×本来；×原本）

搭配：

原本——~不同意/~就应该这样

本来——~不同意/~就应该这样/~嘛/~的颜色

原来——~不同意/~的颜色/~的房间/~是你啊

练习：

（1）他还住在（　　）的地方。

（2）（　　）是你啊，我还以为是小李呢。

（3）（　　）嘛，这件事情就应该这么办。

（4）这件事情我（　　）就不赞成。

段落训练

1．三朵玫瑰有什么不同的结局？这是一种什么写作方法？请根据以下提示，把故事结局补充完整：

（1）年轻男人送出的玫瑰花____________________________________；

（2）中年男人送出的玫瑰花＿＿＿＿＿＿＿＿＿＿＿＿＿＿＿＿＿＿＿＿＿＿＿＿；

（3）老年男人送出的玫瑰花＿＿＿＿＿＿＿＿＿＿＿＿＿＿＿＿＿＿＿＿＿＿＿＿。

2. 对于爱情，不同的人可能有不同的看法。请你用对比的方法，谈谈你们国家各年龄段的人不同的爱情观。

文化点滴

牛郎织女的故事

很久以前，有个孤儿跟着哥哥嫂子过日子。哥哥嫂子对他很不好，让他吃剩饭、穿破衣服，天不亮就赶他上山放牛。他没有名字，大家都叫他牛郎。

牛郎很用心照顾那头老牛，老牛也很通灵性。有一天，织女和仙女们来人间游玩，老牛劝牛郎去见织女。牛郎见了织女，深深地爱上了对方，织女便做了牛郎的妻子。婚后，他们男耕女织，生了一儿一女，生活十分美满幸福。

不料天上的王母娘娘得知织女下嫁人间，非常生气。她趁牛郎到地里干活的时候，带着天兵来抓织女，她拉着织女，一起飞向天宫。织女一边挣扎，一边望着两个孩子大声喊："快去找爸爸！"正在田里干活的牛郎知道后，匆匆赶回家，他想起老牛死之前跟他说过，保留它的牛皮，说将来有一天披上它，就能飞上天去。于是，牛郎急忙用一对箩筐，挑着两个儿女，披上牛皮追赶上去。

眼看就要追上织女了，王母娘娘忽然拔下头上的金钗，在天空划出了一条波涛滚滚的银河。牛郎无法过河，只能在银河边与织女遥望对泣。这时，无数喜鹊飞来，用身体搭成一座桥，让牛郎织女在鹊桥上相会。王母娘娘无奈，只好允许牛郎织女每年七月七日在鹊桥上相会。

后来，每年的七月七日就成了中国的情人节——七夕节。

经典诵读

1. 上邪（yé）

我欲（yù）与君相知，长命无绝衰（shuāi）。

　　　　　　　　　　　líng　　　　　jié
　　　　　　　　　　山无陵，江水为竭，
　　　　　　　　　　　zhèn zhèn　　yù
　　　　　　　　　　冬雷震　震，夏雨雪，
　　　　　　　　　　　　　nǎi
　　　　　　　　　　天地合，乃敢与君绝！

（《汉乐府·铙歌十八曲》）

译：上天啊！我希望和我的爱人永远相亲相爱。除非高山变平了，江水干枯了，冬日里雷雨阵阵，夏天里大雪纷纷，天与地合而为一，我才会与他分离！

2. 愿得一心人，白头不相离。（【西汉】卓文君《白头吟》）

译：希望能得到一个一心一意的人，与他白头到老、永不分离。

练习

一、朗读

散步　散散步　散完步　撒娇　撒撒娇　爱撒娇

吃饱了撑的　还没来得及开口　激动得怎么也睡不着

2 月 14 日情人节这天　鲜花配美人　中国首都北京

绿叶配红花　千岛之国印尼　配得上　我们大家　配不上

二、连线题

A. 鼓起	1. 舒畅
B. 盛开的	2. 父母
C. 浪漫的	3. 叫嚷
D. 心情	4. 照料
E. 露出	5. 飞涨
F. 大声	6. 笑容
G. 孝敬	7. 勇气
H. 悉心	8. 约会
I. 物价	9. 花朵

三、选词填空

撒娇　　悉心　　原本　　心灵手巧　　孝敬　　随手　　轻柔　　弥漫
徘徊　　难为情

1. 图书馆里，大家说话的声音都很＿＿＿＿＿＿。
2. 在妈妈的＿＿＿＿＿＿照顾下，奶奶的病很快就好了。
3. 她织的手套、围巾比商店里卖的还要好看，真是个＿＿＿＿＿＿的好姑娘。
4. 春天到了，花园里的花都盛开了，到处＿＿＿＿＿＿着芳香。
5. 小宝贝正在妈妈的怀抱里＿＿＿＿＿＿。
6. ＿＿＿＿＿＿就是他的错嘛，跟我一点儿关系都没有。
7. 奶奶，这是我们＿＿＿＿＿＿您的礼物！
8. 跟一群小朋友学游泳，我觉得太＿＿＿＿＿＿了。
9. 我一直＿＿＿＿＿＿在办公室门口，犹豫不决。
10. 他走进来的时候，＿＿＿＿＿＿把门关上了。

四、完成句子

1. ＿＿＿＿＿＿＿＿＿＿＿＿＿＿＿＿＿＿，现在决定不去了。（原本）
2. 他从来不参加晚会的，＿＿＿＿＿＿＿＿＿＿＿＿＿＿＿＿。（居然）
3. 公安局离学校很近，＿＿＿＿＿＿＿＿＿＿＿＿＿＿＿＿。（与其……不如……）
4. ＿＿＿＿＿＿＿＿＿＿＿＿＿＿＿＿＿＿，他这是吃饱了撑的。
5. 我不想告诉他这个秘密，＿＿＿＿＿＿＿＿＿＿＿＿＿＿＿＿。（非要）
6. 我小心翼翼地＿＿＿＿＿＿＿＿＿＿＿＿＿＿＿＿＿＿。
7. 我还没来得及开口，＿＿＿＿＿＿＿＿＿＿＿＿＿＿＿＿＿＿。
8. A：明天晚上一起吃饭好吗？
   B：不好意思，＿＿＿＿＿＿＿＿＿＿＿＿＿＿＿＿了。（约会）

五、选用下面的词语改写句子，要求保持句子意思不变

开张　　代　　时不时　　初恋　　随手　　非要　　玩意儿　　物价

1. 他是我第一次恋爱的男朋友。
   改写成：＿＿＿＿＿＿＿＿＿＿＿＿＿＿＿＿＿＿＿＿
2. 大城市里东西的价格都很高。
   改写成：＿＿＿＿＿＿＿＿＿＿＿＿＿＿＿＿＿＿＿＿

3. 明天，那家餐馆第一天营业。

改写成：________________________

4. 不管是谁都不能替别人考试。

改写成：________________________

5. 我们宿舍经常会停电、断网。

改写成：________________________

6. 她总是对一些奇奇怪怪的小东西感兴趣。

改写成：________________________

7. 我不想去的，但妈妈一定要我去。

改写成：________________________

8. 你这样到处顺手扔垃圾可不行，垃圾得扔到垃圾桶里。

改写成：________________________

六、模仿造句

1. 与其买一朵花回来，还不如买些菜回来呢！（与其……不如……）

①________________________

②________________________

2. 原本只能开三天的玫瑰花居然盛开了一个多星期。（原本……居然……）

①________________________

②________________________

3. 他非要我亲手送给你。（非要）

①________________________

②________________________

4. 妻子小心翼翼地把花拾起来闻了闻，露出了初恋般幸福的笑容。（般）

①________________________

②________________________

5. 老太婆捧着那朵玫瑰花，激动得怎么也睡不着。（动词＋得……）

①________________________

②________________________

七、熟读下列语段，背诵阅读课文中的两首诗歌

1. 妻子小心翼翼地把花拾起来闻了闻，露出了初恋般幸福的笑容。然后，找来一

个干净的花瓶，装上清水，把花插了进去。妻子时不时地回头看看玫瑰花，做饭的心情更加舒畅了。

2. 老年男人送出的玫瑰花，被心灵手巧的老太婆一瓣一瓣摘了下来，在阳光下晾干，做成了香荷包，挂在房间中，从此，家里每天都弥漫着玫瑰花的芳香。

八、阅读理解

一个人的独角戏

高一那年，我偷偷地喜欢上了一个高年级学长。

那时候，每天最开心的事情，是在人群中搜索他的身影。从来不担心哪天会见不到他，因为优秀的他总是出现在校园的各大场合。早晨，他是庄严的升旗手；傍晚，广播里有他的声音；全校师生大会上，他从容地站在讲台上发言；联欢会上，有他的小提琴独奏。那是一段甜蜜又苦涩(sè)的暗恋时光，内心喜欢得要命，却从未想过有一天要和他表白。原来当你真正喜欢一个人，便会担心自己的冒昧(mào mèi)会给对方带来困扰。所以只要能够站在人群中远远看着他，就已经很开心了。

多年后回老房子整理旧物，在一本高中课本里翻出一张发黄的老照片。准确地说这是一张集体照，可我的眼里却只看得到那个他。

回想起学长毕业那年，想到以后再也没办法随时见到他，于是，我在书包里放了一个相机，无数次假装路过他的身边，然后趁他不注意，偷偷地拍他。

有一天，当我手里拿着相机在操场闲逛的时候，突然被一个同学叫住，请我帮忙给他们拍张集体照。我一下子紧张得说不出话来，连忙点头说好。因为我在人群中，看到正和同学说话的他。按下快门前，我假装调整焦距，让取景框里满满都是学长的脸，这是我第一次如此近距离地看他。此刻，他正和身边的人说笑，阳光穿过树叶照在他的脸上，美好得让我想流泪。我对所有人喊“一、二、三，茄子”，然后连续按了很多次快门，没有人知道，我想让学长的每一个动作，不仅留在相机里，也刻进我的脑海中。我拍照的同学，问我能不能把照片发给她。我含糊(hán hú)地说了声“好”，留下QQ，便做贼(zéi)一般逃走了。

回到家，迫(pò)不及待(dài)地将内存卡放进电脑。打开之后，却伤心地发现，因为太激动，手抖得厉害，十几张照片都很模糊。只有一张，学长的笑容如同初春的阳光。我小心翼翼地在电脑里建了一个文件夹，将所有偷拍到的背影和这张合影放了进去。然后又新建了好几个文件夹，一层层地将这些照片包裹在最里面，好像这是一个永远也不能被人发现的秘密。

高三那年，父母为了让我安心学习，打算没(mò)收我的电脑。那时，我的第一个念头是，那些照片怎么办？没办法，只好去照相馆冲洗了这张照片，偷偷藏进书里。这个秘密除了我自己没人知道。

毕业后，我就再也没有见过学长。多年后听说，他大学一毕业就出国了，我的暗恋就这样结束了。自始至(zhì)终，这场恋爱，都不过是我一个人的独角戏。但是喜欢一个人，哪怕没有表白、没有回应也没关系，我已经暗暗地在内心深处开出了一朵花来。也许，这就是暗恋最迷人的地方吧。

（作者：猪小浅，根据《意林》2004 年第 9 期的《一场永垂不朽的暗恋》改编）

根据文章内容回答下列问题：

1. “那是一段甜蜜又苦涩的暗恋时光”中的“暗恋”是什么意思？为什么“甜蜜”？为什么“苦涩”？
2. “我”为什么不向学长表白？
3. 为什么给他们拍完照片，“我”就“做贼一般逃走了”？
4. 那些照片照得好不好？为什么？“我”怎么存放那些照片的？
5. “我”为什么把照片冲洗出来了？冲洗出来后又是怎么做的？
6. 为什么说“自始至终，这场恋爱，都不过是我一个人的独角戏”？

九、趣味汉语

看图猜词语：

第五课

课前准备

1. 你知道哪些中国乐器？
2. 你喜欢中国民族音乐吗？你熟悉哪些乐曲？

课文

伯牙子期的故事

春秋时，楚国有个音乐天才[1]，名叫俞(yú)伯牙，精通音乐，擅长[2]弹古琴。但他总觉得自己的琴声还不能充分[3]地表现大自然的美。于是，他又拜(bài)师学艺，跟着老师去各地欣赏风光，从大自然中寻找灵感[4]。

拜师：认老师。

他们先是登上了巍峨[5]的泰(tài)山，倾听[6]空谷(gǔ)足音；又乘船来到东海的蓬(péng)莱(lái)岛上，倾听大海的呼吸。伯牙望着一望无际[7]的大海，波涛[8]汹涌[9]，涛声阵阵；海(hǎi)鸥(ōu)在蓝天下翩翩飞舞[10]，还不时地鸣叫[11]几声。伯牙觉得这真是天

空谷足音：在空空的大山里听到人的脚步声。形容极难遇到的声音，多在偶遇语境下发生，有意倾听，恐怕不可能。

籁[12]之音，他取出古琴，面朝大海席（xí）地而坐，神情肃穆（sù mù）地弹奏[13]起来，这一次他终于把大自然的美妙[14]融（róng）进了琴声里。

俞伯牙将这两首曲子[15]命名为《高山》《流水》。但是如此美妙的琴声却无人能懂，他感到十分孤独和寂寞[16]。

有一次，俞伯牙乘船沿江游览。船来到一座高山附近，这时候，突然下起了大雨，只好停靠[17]岸边避雨。伯牙听着哗哗的雨声，望着雨滴打在江面上溅（jiàn）起一朵朵水花，忍不住[18]琴兴大发。伯牙听雨弹琴，正弹得投入[19]，突然感觉到琴弦上有异样的颤抖（chàndǒu），这是琴师的心灵感应，说明附近有人在听琴。伯牙走出船外，果然看见一个樵（qiáo）夫正站在岸边淋着雨欣赏他的琴声。伯牙把樵夫请到了船上，原来这个樵夫叫钟子期，他被伯牙悠扬[20]的琴声吸引[21]住了，因为听得太专心了，完全忘记了还在下雨。伯牙见此人痴迷[22]琴声，高兴地说：“我再为你弹两首曲子，好吗?”钟子期立即表示愿意洗耳恭听[23]。伯牙弹完一曲《高山》，钟子期赞叹[24]道：“这琴声雄伟而庄重[25]，我好像看到了巍峨的泰山一样!”伯牙又弹了一曲《流水》，钟子期忍不住赞叹道：“我好像看见滚滚（gǔngǔn）的流水、无边的大海一样!”伯牙十分激动，对钟子期说：“这个世界上只有你听懂了我的琴声、我的心声[26]，你真是我的知音[27]啊!”于是两个人约定，两年后再到这江边聚会。

两年一晃而过，伯牙再次来到江边，钟子期却没有露面。俞伯牙多方打听才知道，原来钟子期已经病死了。听到这个消息，伯牙悲痛欲绝[28]，他来到昔（xī）日好友的坟（fén）

席地而坐：原指在地上铺了席坐，现指坐在地上。

肃穆：（气氛、表情）严肃而恭敬。

将……命名为……：例：她将这本小说命名为《城南旧事》。

心灵感应：人和人之间心灵相通相知。例：据说双胞胎之间会有～。

樵夫：打柴的人。

昔日：从前。

坟：埋死人的地方。

先……又……最后……：例：父母先查看了我的行李，又嘱咐了几句，最后才送我上了火车。
斯：这。
矣：了。

前，号啕大哭[29]。伤心之余，他慢慢坐下，取出随身携带[30]的古琴，深情地弹了起来。他先弹奏了一首悲伤[31]的曲子来怀念[32]知音，又弹了两年前他们相遇时弹过的《高山》和《流水》。琴声还是那么悠扬，但是斯(sī)人已逝，再也没人能像钟子期那样欣赏这琴声了。最后，伯牙站了起来，难过地说："这个世界上唯一懂我的知音都不在了，这琴还弹给谁听啊！"说完，他高高地举起自己最心爱[33]的古琴，重重地砸(zá)在地上，琴碎了。这是俞伯牙一生中最后一次弹琴，从此以后，俞伯牙再也没有弹过琴了。

千金[34]易得，知音难遇，所以人们常说"人生得一知己[35]足矣(yǐ)！"两千多年来，《高山》《流水》这两支著名的古琴曲保留了下来，伯牙摔琴谢知音的故事也在民间[36]世代[37]相传[38]。

（根据《列子·汤问》及网络相关资料编写）

生词

天才[1]	tiāncái	名	上天给的才能，超过一般人的才能。例：他是一个音乐～。
擅长[2]	shàncháng	动	例：我妈妈～做蛋糕。
充分[3]	chōngfèn	形	足够的。例：请假要有～的理由。
灵感[4]	línggǎn	名	例：看着看着，我一下子有了～。
巍峨[5]	wēi'é	形	形容山或建筑物高大雄伟。例：父爱如山，高大而～。
倾听[6]	qīngtīng	动	细心地听。例：仔细～　～我的心声　～大家的意见
一望无际[7]	yīwàng-wújì		例：美丽的大草原～。
波涛[8]	bōtāo	名	例：船在～汹涌的大海里艰难前进。
汹涌[9]	xiōngyǒng	动	例：波涛～

翩翩飞舞[10]	piānpiānfēiwǔ		例：蝴蝶在花丛里～。
鸣叫[11]	míngjiào	动	例：清晨，鸟儿在窗外～。
天籁[12]	tiānlài	名	指自然界的声音，风声、鸟鸣声、流水声等。 例：今晚的童声合唱好听极了，如同～。
弹奏[13]	tánzòu	动	例：～钢琴　～古琴
美妙[14]	měimiào	形	美好，奇妙。例：～的音乐　～的诗句　～的歌声
曲子[15]	qǔ · zi	名	例：一支～　弹奏～
寂寞[16]	jìmò	形	例：家里只剩我一个人了，真是～。
停靠[17]	tíngkào	动	例：一艘大轮船～在码头。
忍不住[18]	rěnbùzhù		例：听了他的话，大家都～笑了。
投入[19]	tóurù	形	例：他看电视看得太～了，连我敲门都没听见。
		动	例：能不能成功，关键看你～多少时间和精力。
悠扬[20]	yōuyáng	形	例：琴声～　～的歌声
吸引[21]	xīyǐn	动	例：这个电影～了不少观众。
痴迷[22]	chīmí	动	例：他从小就对京剧～。
洗耳恭听[23]	xǐ'ěr－gōngtīng		专心地听。例：你说什么，我都愿～。
赞叹[24]	zàntàn	动	称赞。例：演员们的精彩表演赢得了大家的～。
庄重[25]	zhuāngzhòng	形	例：～的时刻　态度～　～地宣誓
心声[26]	xīnshēng	名	发自内心的声音，心里话。例：有谁明白我的～呢？
知音[27]	zhīyīn	名	真正了解自己的人。 例：我想什么你都知道，你真是我的～啊！
悲痛欲绝[28]	bēitòngyùjué		例：听到这个消息，他～。
号啕大哭[29]	háotáodàkū		形容大声地哭。例：他忍不住～起来。
携带[30]	xiédài	动	例：贵重的东西应该随身～。
悲伤[31]	bēishāng	形	例：他为什么看起来那么～？
怀念[32]	huáiniàn	动	例：～故乡　～亲人 【近】思念、想念
心爱[33]	xīn'ài	形	例：～的人　～的礼物　～的玩具
千金[34]	qiānjīn	名	例：～难买　一字值～　～不换
知己[35]	zhījǐ	名	例：一个～　他是我的～

民间[36]	mínjiān	名	例：～故事　～音乐　～传说
世代[37]	shìdài	名	例：这些民间故事～流传。
相传[38]	xiāngchuán	动	例：～，这里就是大禹治水的地方。

谈一谈

1. 伯牙擅长什么？他为了把大自然的美融入音乐做了哪些事情？
2. 伯牙为什么感到寂寞？
3. 伯牙和子期相遇的时候各自在做什么？他们之间的心灵感应是什么样的？
4. 为什么说子期听懂了伯牙弹奏的《高山》《流水》了？
5. 伯牙称子期是自己什么样的朋友？你觉得什么样的朋友才算“知音”？
6. 两年后他们都按时赴约了吗？为什么？
7. 听到子期去世的消息，伯牙做了些什么？
8. 小组讨论（一人记录每人看法中的关键词，一人负责汇报本组的主要看法）：

（1）你同意“千金易得，知音难遇”和“人生得一知己足矣”这两句话吗？

（2）你的朋友圈子里有几种朋友？（点头之交、酒肉朋友、闺蜜、知己）

阅读课文

最初的温暖

男孩小时候家里很穷，有时连本子也买不起，他只能写满本子后用橡皮擦掉再用。一天，班里来了位新生，是个漂亮的女孩，扎着鲜艳的蝴蝶结，背着一个让全班同学眼红[1]的书包。

女孩跟他成了同桌。她的文具盒里装满了各种漂亮的笔，还有很多崭新[2]的作业本。男孩看着十分眼馋[3]。

男孩自尊心很强，怕女孩笑话，本子写完便不再擦了再用，也就不记笔记了，只能靠脑子记。女孩感到奇怪，有一天问他，他说：“会了，不用记了。”女孩好像明白了什么，主动拿出两个本子给他，男孩拒绝了，女孩羞红了脸，几天不和他说话。有一次，班里组织看电影，每人交5块钱，男孩没有钱，就没有报名。女孩高兴地跑到他跟前，说：“明天下午看电影，我替你把钱交了。”男孩气恼(nǎo)地说：“我不去，用不着你给我交。”女孩委屈[4]地哭了，说：“你长大后还我还不行吗？”男孩没有再说话，勉强[5]答应了她。

第二年，女孩的家要搬到别的城市去了，男孩有一种丢了东西的感觉。她走的那一天，他早早地候在十字路口——开往外地的车辆都要经过这里。终于，一辆大货车开了过来，车里的女孩看见了他，高兴地向他挥手，男孩想跟她说点什么，可车速太快，一溜(liù)烟就从眼前过去了。

第二天上学，班里同学给男孩一个沉甸甸(chén diàn diàn)的纸袋，说是他同桌留给他的。男孩打开，是厚厚一叠[6]崭新的作业本，还有她用过的漂亮文具盒，里面装满了铅笔。笔中间夹着一张字条，上面写着：“送给我最好的同桌。”

男孩哭了。因为嫉妒，他对同桌不太友好，但她没有记恨[7]他。那个文具盒，他一直保存着。有时拿出来看看，眼前会晃动着一对鲜艳的蝴蝶结，一跳，一跳……

很多年过去了，男孩读完了大学，奋斗多年后成为一家上市公司的老总。他越来越怀念当年跟他同桌的小女孩，于是在报纸上登了寻人启(qǐ)事，寻找那个叫王丽晨的女孩。

电视台的记者听说后，邀请他做了一次访谈。面对现场的许多观众，他把那段往事说了出来，他说如果能见一见当年同桌的女孩，他就死而无憾了。

主持人问他：“为什么非要见她呢？相见不如怀念，保留最初的那份美好，为她祝福，不是很好吗？”他摇了摇头。

主持人说：“王丽晨现在已经步入中年，也许已经发(fā)

气恼：生气、恼怒。

一溜烟：形容跑得很快。例：~就看不到人影了。

沉甸甸：~的书包；~的行李

晃动：摇晃、摆动。

(寻人)启事：(找人的)小通知。

访谈：访问、交谈。

发福：客套话，指发胖（多用于中年以上的人）。例：爸爸年轻时很瘦，现在～了。

执意：坚持自己的想法。

冷眼：看不起。

垮：倒下来。例：再多的困难也压不～我！

不瞒你说：跟你说实话吧。强调后面的句子是真实的心里话。

例：～，我曾经暗恋过你！

坛：例：一～酒；一～水

陈酒：放了多年的酒。

福，也许过得很不如意，如果是这样，你还会执(zhí)意要见她吗？”

他说：“是的，我想当面对她说声谢谢。如果她有什么困难的话，我想尽力[8]帮她一把。这么多年来，我没有一天忘记过她。小时候，因为贫穷[9]，我看过太多的冷眼，但她给了我最初的温暖，这成了我生命的动力[10]。我常想，如果她也给我冷眼，那就像压垮骆驼的最后那根稻草，也许我的人生就会完全改写[11]……”

节目的最后，主持人对观众说：“那好吧，让我们大家一起帮忙，让刘总实现这个多年的心愿[12]吧。”

几周后，他收到一封信：

“亲爱的同桌，不瞒(mán)你说，那天我就坐在观众席上。我很赞同主持人的那句话，有些美是只适合放在心里的，就像一坛(tán)陈酒，一旦打开味道就淡了。如果你对我心存感激，那就继续在心里保存这份最初的美好吧。感谢这么多年来，我一直活在你心里，并希望我能一直这样活下去……”

这封信是一位观众写来的。刘总所要寻找[13]的王丽晨，是她的妹妹，已经于三年前因病去世了……

（作者：邹扶澜，选自《微型小说百年经典》，有删改）

生词

眼红[1]	yǎnhóng	形	羡慕嫉妒，自己也想得到。 例：哥哥买了一辆新车，弟弟十分～。
崭新[2]	zhǎnxīn	形	极新，非常新。例：～的衣服　～的书包　～的生活
眼馋[3]	yǎnchán	形	看到喜欢的东西非常想得到。 例：小时候，我十分～姐姐的头花。

委屈[4]	wěi · qu	形	例：他这样说我，我感到十分～。
		动	例：对不起，～你了。
勉强[5]	miǎnqiǎng	形	例：最后，爸爸～同意我参加比赛。
叠[6]	dié	量	例：快考试了，书桌上放着一～一～的复习资料。
记恨[7]	jìhèn	动	例：咱们俩谁也别～谁。
尽力[8]	jìnlì	动	例：我一定～帮助你。
贫穷[9]	pínqióng	形	例：～的小山村慢慢变得富裕起来了。 【反】富裕
动力[10]	dònglì	名	例：学习的～　前进的～
改写[11]	gǎixiě	动	例：～剧本　～论文　～结局　～人生
心愿[12]	xīnyuàn	名	例：保护地球，这是我们共同的～。
寻找[13]	xúnzhǎo	动	例：～失物　～工作

词语辨析

1. 怀念　思念　想念

相同：

都是动词，都可以表示想念什么。

不同：

（1）"想念"：其对象比较多，没有什么限制。"思念"：其对象一般是离得比较远的岁月和人事，一般还能再次见到。"怀念"：其对象大多是已经逝去的人或过去的岁月和地方，有的已经不能再次见到了。

例：离开家之后，最思念的还是父母兄弟。（想念；×怀念）

至今还不时想念儿时的朋友。（思念；×怀念）

故乡，那是游子永远思念的地方。（想念；怀念）

我日日夜夜思念着你。（想念；×怀念）

我十分怀念大学时代的生活。（×想念；×思念）

（2）口语中"想念"可以说成"想"，但"思念"不能说"思"，"怀念"也不能说"怀"。

例：我很想家。（×思；×怀）

搭配：

怀念——非常～/很～/～家乡/～亲人/～牺牲的英雄们/～过去的时光

思念——非常～/很～/～家乡/～亲人/～祖国/～你

想念——非常～/很～/～家乡/～亲人/～祖国/～你

练习：

（1）出国10年了，我很（　　）家乡和亲人。

（2）那些为国牺牲的先烈们，值得我们永远（　　）。

（3）奶奶去世多年了，至今我仍很（　　）奶奶做的手工面条。

2. 知己　知音

相同：

都可以做名词，表示真正了解自己的人。

例：你真是我的知己啊！（知音）

不同：

“知己”还可以做形容词，表示相互了解而情谊深，而“知音”不能做形容词，不能修饰名词。

例：知己话；知己的朋友（×知音）

练习：

（1）你有几个（　　）朋友？

（2）有人说，学生时代的朋友才是最好的（　　），你觉得呢？

段落训练

1. 为了表现大自然的美，伯牙拜师学艺后做了什么？文章是怎么介绍的？“先……又……”用来表示什么？

2. 伯牙听到钟子期去世的消息后，他先做了些什么？然后做了什么？最后做了什么？请根据以下的关键词复述一下：

（1）先……

（2）又/然后……

（3）最后……

3. 你会做菜吗？请你用表示先后顺序的关联词介绍一下你的拿手菜的做法。（参考词语：首先/先；然后；接下来；接着；又；再；最后……）

文化点滴

中国传统乐器——古琴

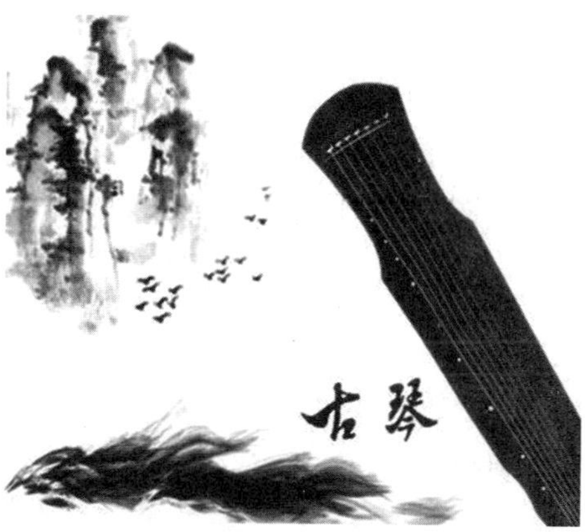

古琴，又称瑶琴、玉琴、七弦琴等，是中国最早的拨弦乐器，已经有三千多年的历史了。

古琴音色深沉，声音非常独特，最大特点就是“静”，所以琴音也被称为“太古之音”“天地之音”。这里的“静”有两层意义，一是抚琴需要安静的环境，二是抚琴更需安静的心境。

古代的琴专指古琴。到了近代，为了和引入的西洋乐器“钢琴”区别开来，才称为古琴。

琴是汉文化中地位最高的乐器，位于中国传统文化“琴棋书画”之首，被文人视为高雅的代表。伯牙、子期因“高山流水”而成知音的故事流传至今，琴被视为友谊的象征。此外，“琴”跟“情”音相近，古代的文学作品中有不少琴的身影。

经典诵读

cún yá ruò
1. 海内存知己，天涯若比邻。（【唐】王勃《送杜少府之任蜀州》）

译：只要是知心朋友，即使在天涯海角也不会觉得遥远，感觉就像近邻一样。

zhū chì mò
2. 近朱者赤，近墨者黑。（【西晋】傅玄《太子少傅箴》）

译：东西靠近红色的朱砂也会慢慢变红，东西靠近黑色的墨水也会慢慢变黑。比喻接近好人可以使人变好，接近坏人可以使人变坏，强调要选择合适的人做朋友。

练习

一、朗读

不瞒你说　精通音乐　砸在地上　一望无际　洗耳恭听
昔日好友　试想一下　伤心之余　世代相传　席地而坐
拜师学艺　波涛汹涌　天籁之音　斯人已逝　沿江游览

二、请在括号里填上合适的字

巍峨的（　）（　）　翩翩（　）（　）　（　）（　）相传
欣赏（　）（　）　（　）（　）而坐　神情（　）（　）
倾听（　）（　）　号啕（　）（　）　悲痛（　）（　）

三、选词填空

灵感　美妙　携带　怀念　洗耳恭听
擅长　寂寞　投入　弹奏　庄重

1. 她演戏演得很____________。
2. 他喜欢弹钢琴，每天晚上都会____________几曲。
3. 他写不出曲子，只好去大自然中寻找____________。
4. 能请您来做讲座是我们的荣幸，我们愿____________。
5. 这么____________的场合，穿得正式一些才好。
6. 各位旅客请注意！广州站到了，请带好随身____________的行李物品，准备下车。
7. 他____________的歌声深深地吸引了我。
8. 她____________做川菜，水煮鱼是她的拿手菜。
9. 真____________童年的时光啊！
10. 刚来中国留学的时候没有什么朋友，觉得很____________。

四、完成句子

1. 我们将____________________命名为____________________________。

2. A：你们国庆节去哪儿玩儿了？

B：我们先____________________又____________________。

3. 我非常喜欢唱中国歌，于是______________________________。

4. 看到________________，我___________________。（忍不住）

5. A：你有什么拿手菜吗？

B：______________________________________。（擅长）

6. A：对不起，刚才没听到你的敲门声。

B：______________________________________。（投入）

7. A：他弹奏得太棒了！

B：______________________________________。（天才）

8. A：请问你怎么想起来写这样一篇小说的？

B：______________________________________。（灵感）

五、选用下面的词语改写句子，要求保持句子意思不变

昔日	一望无际	痴迷	擅长
心声	心灵感应	心爱	天才

1. 这首歌唱出了我心里想说的话。

改写成：____

2. 这是他最喜爱的文具。

改写成：____

3. 我站在一眼望不到尽头的大海边，听着涛声阵阵，心情舒畅极了。

改写成：____

4. 她深深地迷恋中国音乐。

改写成：____

5. 上天给了他运动方面的才能。

改写成：____

6. 他还没说话我就知道他想说什么了。

改写成：____

7. 以前的好朋友聚在一起，总有说不完的话。

改写成：____

8. 他最拿手的是画画，尤其是人物素描。

改写成：____

六、排序练习

下面这七段话，正确的顺序是：________________________________

1. 他们继续走下去，后来发现了一片绿洲，他们于是决定洗个澡。先前被打的那个人这时不小心掉进了一个泥潭里面，差点被淹死了，幸运的是他的朋友把他给救了出来。

2. 打过他耳光又救过他性命的朋友于是问他说："我打了你之后你在沙子上写字，而现在你却在石头上写，为什么呢?"

3. 被扇的那个人受了伤害，但他一句话也没有说，只是在沙子上写道："今天我最要好的朋友打了我一个耳光。"

4. 有两个好朋友正在穿越一个沙漠。途中他们忽然争吵了起来，其中一个人一巴掌扇在另外一个人的脸上。

5. 学会将你所受到的伤害写在沙子上，把别人给你的帮助记在石头上。

6. 他苏醒过来后，立刻在一块石头上写道："今天我最要好的朋友救了我一命。"

7. 写字的那个人回答说："当我们被别人伤害了之后，我们应该把它写在沙子上，这样，宽容的风很快就会将它吹散，但当我们接受了别人的帮助之后，我们必须将它刻在石头上，这样，风就不会把它吹散了。"

七、熟练背诵下列语段

1. 伯牙望着一望无际的大海，波涛汹涌，涛声阵阵；海鸥在蓝天下翩翩飞舞，还不时地鸣叫几声。

2. 琴声还是那么悠扬，但是斯人已逝，再也没人能像钟子期那样欣赏这琴声了。

3. 千金易得，知音难遇，所以人们常说"人生得一知己足矣!"

4. 小时候，因为贫穷，我看过太多的冷眼，但她给了我最初的温暖，这成了我生命的动力。我常想，如果她也给我冷眼，那就像压垮骆驼的最后那根稻草，也许我的人生就会完全改写……

5. 有些美是只适合放在心里的，就像一坛陈酒，一旦打开味道就淡了。

八、阅读理解

葵(kuí)花笑了

体育课结束了，同学们有说有笑地走进教室里。大家都很开心，流了一身汗，所有的疲倦也都流走了。走在最后面的那个女孩，她低头走着，好像没有进入这欢乐的气氛(qì fēn)。

每天都是这样，她只是在 旁默默地看着大家，闷了就望望窗外。她很想和同学们说话，但始终没有勇气。转来这个学校快半年了，但是她依然对这里感到很陌(mò)生。

刚开始，有几个女同学跟她打招呼，她不敢开口，只是害羞(xiū)地微微一笑。每每同学们围坐在一起，她也很想加入，可是因为没人叫她，她又不好意思加入。就这样，久而久之，她成了班上被遗忘的人，几乎很少有人能感觉到她的存在。

有一天，她坐在座位上，跟平常一样望着窗外的蓝天白云和自由飞舞的小鸟。突然，一个圆形的东西从她面前飞过，玻璃窗哐当一声碎了。她吓得闭上了眼睛。

同学们议论纷纷，她睁开眼一看，原来是足球。

“对不起，你没事吧？”踢足球的男同学担心地问道。

顿时，全班同学的目光都集中在她身上了。她紧张极了，起身准备跑出教室。

“等一等，你的手受伤了。”另一个温和的声音说道。

她停下脚步，看了看手，果然，右手正在渗(shèn)血。她转身一看，说话的是另一个同班男生。

“去一趟医务室吧！”男生走在她前面，她不知所措地跟在他后面。

这个男生和刚才那个踢足球的男生是班上最受欢迎的男孩。他们俩都长得很帅，成绩又好，所以很受大家欢迎，尤其是现在陪她去医务室的男同学。

到了医务室，他帮她涂上医生给的药水，对她说：“小心伤口。你在这儿休息一会儿，我先回教室了。”

她才想说声“谢谢”，男生已经走了。她不想像以前一样，让人感觉很不礼貌，于是立即追了出去。在门口，看着男生的背影，她犹豫了一下，鼓起勇气，用近乎呢喃(ní nán)的声音说：“谢谢你。”

还好他听到了。男生停下脚步，转过身来看着她，露出阳光般灿烂的微笑，对她说："不客气。"

她心里十分紧张，没想到自己竟然说出来了。这是她第一次开口跟同学说话，并得到了这么甜美的回应。她心里有着说不出的温暖。

这天，上体育课时，她们不小心把排球打到后院去了，老师叫她去捡排球。她意外地发现后院里有个葵花花坛，可里面种的葵花几乎都死了，只有一株葵花还是绿的。她下决心要让这最后一株开花，于是，她每天下课后就去给这株葵花浇水、除草。

"你在这里做什么？"突然，有人从后面走来。

她吓了一跳，抬头一看，原来是那个踢球的男同学。她正想回答，男生却先说道："咦（yí），这不是葵花吗？怎么只有这株葵花是绿的？"她还没回答，男生又接着说："记得以前这里开满了葵花，很漂亮的。"

"那天真对不起，害你受伤了。"男同学一直说。她不知该怎么回应。

"你怎么不说话呀？难道你不会说话？"男生一脸笑意。

看到男生的表情，她终于忍不住笑了，小声地说了句"没关系"。

从那之后，她和两个男孩儿就成了好朋友。他们一起照顾葵花，一起聊天。她变得有勇气开口说话了，慢慢地，她有了更多的朋友，从此不再孤独。

一天下课后，他们一同来到后院，那株葵花终于开了，而且开得很灿烂。他们笑了，笑得和葵花一样灿烂。

［作者：潘玉桦（印尼），根据《广州华苑》2010年第1期的同名文章改编］

根据文章内容判断正误，正确的请在括号里打√，错误的请打×。

1. 女孩一直在这个学校读书。（　）
2. 女孩性格很开朗，但大家都不愿意和她做朋友。（　）
3. 篮球砸碎了玻璃，弄伤了她的手。（　）
4. 踢足球的男孩带她去医务室，她很感动，鼓起勇气说谢谢。（　）
5. 她的声音虽然很小，但是得到了甜美的回应。（　）
6. 体育课时，她发现了一个种葵花的花坛，她决心让最后一株葵花开花。（　）
7. 在葵花花坛边，她遇到了送她去医务室的男孩。（　）
8. 踢球的男孩向她道歉，但她紧张得不敢说话。（　）
9. 她终于和两个男孩成了朋友，他们一起照顾葵花。（　）
10. 葵花真的开花了，她也慢慢有了很多朋友。（　）

九、趣味汉语

看图猜词语：

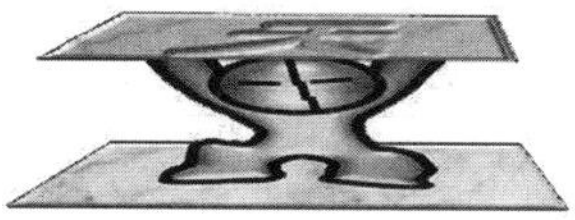

第六课

课前准备

1. 小时候，你盼望长大吗？你觉得怎么样就算长大了？
2. 你的想法常常和父母的想法一致吗？
3. 你觉得，怎样是真正的独立？

课文

我们是一家人

我从中学开始就盼望独立[1]，甚至跟母亲提出要在大房间中“隔出一方天地”，装个门，贴一张“闲(xián)人免(miǎn)进”的纸条。母亲坚决不同意，她最有力的话就是：“因为我们是一家人。”

免：不要。

当时，我有位姓毛的女同学是个孤(gū)女，借居在婶(shěn)婶家，但不在那儿搭(dā)伙(huǒ)，每月拿一笔生活费自己安排。我十分羡慕[2]她的单身生活，有一种自己做主[3]的豪(háo)气(qì)。

孤：失去父母的。

婶：叔父的妻子。

也许我描述[4]这一切时的表情刺痛了母亲的心，她怪我身在福中不知福，我说为何[5]不让我试试呢？见母亲摇头，我干脆静坐示威[6]，饿了一顿。母亲那时对我怀了种复杂的情感，她认为我有叛逆[7]倾向，所以也硬下心肠[8]，准备让我去碰壁[9]，然后再回心转意[10]。最后母亲终于答应让我自主[11]安排一个月。我把母亲给我的钱分成30份，我相信有了这个朴素[12]的分配，我就不会挨[13]饿了。

刚开始那几天，我感觉好极了。买些面包、红肠独自在一旁的茶几上吃着，进餐时还铺上餐巾，捧一本书，就像一个独立的女孩。家人在饭桌上不时地看我，有了好菜，母亲也邀我去尝尝，但我一概[14]婉拒[15]。倒不是不领情[16]，而是怕退一步就会前功尽弃[17]。

我还和姓毛的女同学一起去小吃店。虽然只是简单的面食，但周围都是大人，想到自己终于和成年[18]人平起平坐了，我心中充满了自由的快乐。

这样当了半个月“单身贵族”[19]后，我忽然发现自己好像与家人没什么关系了。过去大家总在饭桌上说说笑笑，现在这种欢乐消失了，我就像个寄宿[20]者。有时，我踏进家门，发现家人在饭桌上面面相觑(qù)，心里就会一愣，仿佛被遗忘[21]了。

天气忽然冷下来，姓毛的女同学患(huàn)了重感冒，我也被传染[22]上了，头昏脑涨，出了校门就奔回家。

家人正在灯下团聚，饭桌上是热气腾腾的排骨汤，大家都不知道我还饿着。我的泪水掉下来，深深地感觉到与亲人有隔阂[23]、怄气[24]，是何等的凄楚(qī chǔ)。我把书竖起来挡住家人的视线，悄悄地吞食书包里那块隔夜[25]的硬面包，心想：无论如何[26]得挨过这一个月。

可惜事与愿违[27]，离一个月还剩三天，我已经身无分文[28]了。我想向那姓毛的女同学借，但她因为饥(jī)一顿、饱一顿，胃出了毛病，没来学校。我向母亲借三天伙食[29]

身在福中不知福：生活在幸福之中，还不满足。例：妈妈总是批评我～。

倒不是……，而是……：例：我倒不是害怕他，而是很尊敬他。

和A平起平坐：和A的地位或权力相等。例：我相信总有一天，我可以和经理～。

面面相觑：大家互相看着都不说话。例：看到他走了进来，大家～，房间里顿时安静下来。

凄楚：凄惨痛苦。

挨：困难地度过（时光）。例：苦日子好不容易～过来了。

饥：非常饿。例：～饿

费，可她对这一切保持了沉默。

那天早晨我就断了炊（chuī），只喝了点开水，觉得双膝（xī）发软。中午放学，走在街上闻到食物的香味，更觉得饥肠辘辘[30]。推开家门，不由得[31]大吃一惊，母亲正一碗一碗地往桌上端菜，家里香气四溢（yì），仿佛要宴请[32]什么贵宾[33]。

母亲暗示[34]我可以坐到桌边吃饭。我犹豫[35]着，担心这样一来就成了可笑[36]的话柄（bǐng）。母亲没有强拉，递给我一个面包，说："你不愿意破例[37]，就吃面包吧，只是别饿坏了。"我接过面包，心里一阵酸楚（suān chǔ），想起母亲常说"我们是一家人"，那句话刻骨铭心[38]，永世难忘[39]。

事后我才知道，母亲那天没心思[40]上班，请假在家，想帮助她的孩子走出困境。

当晚，一家人又在灯下共进晚餐，就如沐浴在阳光下，轻松而又温暖。

现在，我早已真正另立门户，可我时常[41]会走很远的路回到母亲身边。一家人围坐在灯下吃一顿饭，饭菜虽简单但心中充满亲情，因为我们是一家人。

<u>人长大后都是要独立的，可家和家人却是永远的爱，永远的大后方</u>。

断炊：穷得没饭吃。

膝：膝盖。

溢：例：芳香四～；～出来

话柄：例：留下～；抓住～

酸楚：心酸难过。

另立门户：指结婚成家。例：即使已经～了，在父母眼里我们还是孩子。

大后方：比喻给予支持的地方。例：父母的爱，是我们永远的～。

（作者：秦文君，选自《中国当代散文精华经典阅读》，有改动）

生词

独立[1]	dúlì	动	不依靠他人。例：～生活　～工作　经济～
羡慕[2]	xiànmù	动	希望自己也有的。例：这是我一直～的生活。
做主[3]	zuòzhǔ	动	例：当家～　这件事情我做不了主。
描述[4]	miáoshù	动	例：他生动地～了那件事情的经过。

为何[5]	wèihé	副	为什么（书面语）。例：你～不帮助他？
示威[6]	shìwēi	动	例：静坐～　游行～
叛逆[7]	pànnì	动	例：～行为　～期
心肠[8]	xīncháng	名	对事物的感情。 例：～软　～硬　热～　铁石～　一副坏～
碰壁[9]	pèngbì	动	遇到困难或失败。例：到处～　四处～　碰了壁
回心转意[10]	huíxīn－zhuǎnyì		例：他终于～了！
自主[11]	zìzhǔ	动	自己做主，自己做决定。 例：独立～　婚姻～　～决定
朴素[12]	pǔsù	形	例：～的语言　～的感情　穿着～
挨[13]	ái	动	受到不好的待遇。例：～饿　～骂　～了一顿打
一概[14]	yīgài	副	表示没有例外，都一样。 例：～不理　～不管　～反对
婉拒[15]	wǎnjù	动	用委婉的方式拒绝。 例：中国人常用“我考虑考虑吧”表示～。
领情[16]	lǐngqíng	动	例：谢谢大家的心意，我～了。
前功尽弃[17]	qiángōng－jìnqì		以前的努力都白做了，浪费了。 例：唉，全都～了！又得从头开始！
成年[18]	chéngnián	动	例：～人　未～人　～典礼
（单身）贵族[19]	（dānshēn）guìzú	名	例：你希望结婚还是希望做一个～？
寄宿[20]	jìsù	动	例：去北京旅游时，我～在一个朋友家里。
遗忘[21]	yíwàng	动	忘记。例：这件事情早已被人～了。
传染[22]	chuánrǎn	动	例：～病　～源　流感很容易～。
隔阂[23]	géhé	名	例：有～　没有～　产生～　消除～
怄气[24]	òu//qì	动	生闷气。例：有什么不满就说出来，不要～。
隔夜[25]	gé//yè	动	隔一夜。例：～的茶不能喝。
无论如何[26]	wúlùn－rúhé		不管怎么样，表示不管条件怎么变化，结果始终不变。 例：～我都要去。
事与愿违[27]	shìyǔyuànwéi		事情的发展跟希望的不一样。 例：人生并不是一帆风顺的，很多事情往往～。
身无分文[28]	shēnwúfēnwén		例：钱包被偷了，我现在～。

伙食[29]	huǒshí	名	例：学校食堂的～还不错。
饥肠辘辘[30]	jīcháng－lùlù		形容肚子非常饿（辘辘：肚子饿时发出的声音）。例：早上不吃早饭，第 4 节课还没下课就已经～了。
不由得[31]	bùyóu · de	副	不禁，忍不住。例：想起过去的辛苦，～掉下泪来。
宴请[32]	yànqǐng	动	例：～宾客　～外宾
贵宾[33]	guìbīn	名	尊贵的客人。例：欢迎各位～！
暗示[34]	ànshì	动	例：他用眼神～我，让我不要管这件事情。
犹豫[35]	yóuyù	形	想这样，又想那样。例：不要再～了，快决定吧！
可笑[36]	kěxiào	形	例：说到～的地方，他自己也不由得笑了起来。
破例[37]	pòlì	动	例：这件事情还是得按学校的要求来办，不能～。
刻骨铭心[38]	kègǔ－míngxīn		刻在骨头上或心上，形容永远不会忘记。例：～的爱情　～的恨
永世难忘[39]	yǒngshìnánwàng		永远不会忘记，难以忘记。例：这次失败的教训，我～。
心思[40]	xīn · si	名	想做某件事情的心情。例：我最近没有～学习。
时常[41]	shícháng	副	常常（发生频率较高）。例：这样的事情～发生。【近】常常、经常

谈一谈

1. “我”为什么希望在大房间里“隔出一方天地”？母亲为什么不同意？
2. “我”为什么羡慕姓毛的同学的生活？“羡慕”可以换成什么词？
3. 妈妈一开始同意“我”的想法吗？“我”采取了什么行动？妈妈后来为什么又同意了？“硬下心肠”是什么意思？
4. 刚开始那几天家里情况怎么样？“我”跟姓毛的同学去小吃店吃面条，“我”为什么特别快乐？
5. 半个月之后“我”跟家人的关系如何？“我”有什么样的感觉？
6. “我”患感冒的那天，家里人晚餐吃什么？“我”为什么感到“凄楚”？
7. 什么“事与愿违”的事情发生了？
8. “断炊”的那天“我”的状况如何？那天晚上“我”是怎么进餐的？
9. 现在的“我”还住在家里吗？“我”会在家里跟家人吃饭吗？为什么？

10. 小组讨论（一人记录每人看法的关键词，一人负责汇报本组主要看法）：

你怎么理解“人长大后都是要独立的，可家和家人却是永远的爱，永远的大后方”这句话？

阅读课文

韭(jiǔ)菜饺子

儿子回乡下老家[1]看望父母，但只能在家待一天一夜，第二天早上五点半就得起床返城。临(lín)走前一天的晚上，儿子跟母亲坐在老房子里一直聊到深夜。

乡下：乡村。

待：停留。例：～在家；～一会儿。

临睡前，儿子有些遗憾地说：“妈，这次太匆忙，等下次有空，我一定在家多待几天，陪陪您和爸，还要吃您亲手包的韭菜饺子，那个味道太好了，我一直都想着呢。”

临：例：～睡前；～别时

之后，儿子便到里屋睡觉了。可母亲却没了睡意[2]，她走到另一间屋，叫醒已经睡下的父亲，说：“老头子，你赶紧起来。去问问谁家菜园里有韭菜，跟他打个招呼，割点儿回来。娃想吃韭菜饺子了，我得给他做。”

躺在床上的父亲一听，立即明白，连说：“好，好。”然后迅速穿上衣服下了床。母亲又说：“老头子，你动静[3]小点儿，别吵醒了娃，他明儿一大早还要走呢。”

父亲再次“嗯”了两声，然后悄悄打开大门，出去了。

此时，正是初冬的深夜，外面寒风刺(cì)骨。

初：例：～春；～夏；～秋

刺骨：寒风像吹进了骨头一样，非常寒冷。

父亲开始在村子里挨家挨户敲门，借割他们菜园里的韭菜。冬天，菜园里韭菜很少，好在敲了数十家门后终于找到了。

村里各家各户的菜园都离村子很远，加上夜路不好走，等父亲割完韭菜回到家已是夜里十一点多了。

接下来，两位老人开始择(zhái)韭菜，把两斤多韭菜择完、洗净后，差不多已经是凌晨[4]了。

再接着是和(huó)面、擀(gǎn)饺子皮，剁(duò)馅(xiàn)儿……这一切如果是在白天完成，不需要太长时间。但事实上他们是轻手轻脚地完成的，尤其是剁馅儿——里屋和厨房太近，两位老人怕声音太大惊扰(rǎo)了儿子的好梦。

这一切都做完已经是凌晨三点多了，两位老人想了想，还有一会儿就得煮饺子了，干脆[5]别睡了，给儿子烧点儿热水，大冬天用热水洗脸才暖和。

五点半，儿子的手机闹钟准时响了。他从睡梦中醒来，一睁开眼睛，便隐约闻到一股[6]似曾相识[7]的香味，这香味越来越浓，最后在热气腾(téng)腾(téng)的厨房里达到了鼎(dǐng)盛(shèng)——一大锅韭菜饺子在翻(fān)滚(gǔn)呢。

看到儿子，母亲连连[8]说："娃，快趁热吃了吧，你最喜欢的韭菜饺子！""是呀，快吃，快吃！"站在一旁的父亲也在帮母亲的腔(qiāng)，并立即将饺子盛[9]进碗里，端(duān)到儿子的面前。

儿子怎么也没有想到，自己随口说出的一句话，父亲和母亲就当真[10]了。两位六十多岁的老人，竟然为了这一顿韭菜饺子一夜未眠。

那是一碗滚烫的韭菜饺子，很香，很香，吃得儿子想哭。

这个儿子，就是我。

惊扰：惊动、打扰。

腾腾：热气上升的样子。例：热气～；杀气～

翻滚：上下滚动。例：波浪～；乌云～

帮腔：帮着说话。例：让他自己说清楚，你不要～！

随口：没有仔细想过，随便说说。

［作者：徐立新，根据《中华活页文选（初二）》2012年第7期的《韭菜饺父母心》改编］

生词

老家[1]	lǎojiā	名	例：请问你～在哪里？ 【近】家乡、故乡
睡意[2]	shuìyì	名	例：半夜了，我却毫无～。
动静[3]	dòng · jing	名	例：屋子里静悄悄的，一点～也没有。
凌晨[4]	língchén	名	例：～三点　～时分
干脆[5]	gāncuì	副	例：那人不讲理，～别理他。
股[6]	gǔ	量	例：一～香味　一～热气　一～劲儿
似曾相识[7]	sìcéngxiāngshí		好像曾经认识一样。 例：看到他，我有一种～的感觉。
连连[8]	liánlián	副	例：～点头　～摇头　～称赞
盛[9]	chéng	动	例：～饭　～汤　～一碗
当真[10]	dàngzhēn	动	例：我是跟你开玩笑的，你别～！

词语辨析

1. 时常　经常

相同：都可以做副词，表示常常。

例：经常不上课的学生肯定不是好学生。（时常）

不同：“经常”的使用频率比“时常”高。

（1）“经常”还可以做形容词，可以接受其他副词的修饰。但“时常”只能做副词，不能做形容词，不能接受其他副词的修饰。

例：很经常、不经常（＊时常）

（2）“经常”做形容词时，可以表示日常的、平常的。

例：这些工作都是经常性的事务。（＊时常）

搭配：

时常——～去/～迟到/～不上课/～联系

经常——～去/～迟到/～不上课/～联系/不～写/～性的事务

练习：

（1）来中国后，我（　　）想家。

（2）我不（　　）和他联系。

2. 不由得　忍不住

相同：都有控制不住自己的感情和行为的意思，都可以做状语。

例：看到电影里的女主角得了癌症，我不由得流下泪来。（忍不住）

不同：

（1）“不由得”可以放到主语前，而“忍不住”不能。

例：听他俩说相声，不由得你不笑。（×忍不住）

（2）“忍不住”有不能忍受痛苦、困难、疼痛的意思，而“不由得”没有这个意思。“忍不住”的反义词是“忍得住”，而“不由得”没有反义词。“忍不住”可以做谓语，而“不由得”不能。

例：伤口疼得实在忍不住了，我大叫了起来。（×不由得）

搭配：

不由得——～笑起来/～大叫/～想起过去/～你不信

忍不住——～笑起来/～大叫/～想起过去/实在～了/～疼

练习：

（1）看到这张老照片，我（　　）想起当时的情景。

（2）他给的证据太丰富了，（　　）你不信。

（3）我实在（　　）了，伤心地哭了起来。

段落训练

1. “母亲那时对我怀了种复杂的情感，她认为我有叛逆倾向”，请你在文中找出三个“我有叛逆倾向”的例子，写在下面的横线上。

（1）____

（2）____

（3）____

2. 你有没有过叛逆的时候？现在回头来看，你有什么感想？

文化点滴

家和万事兴

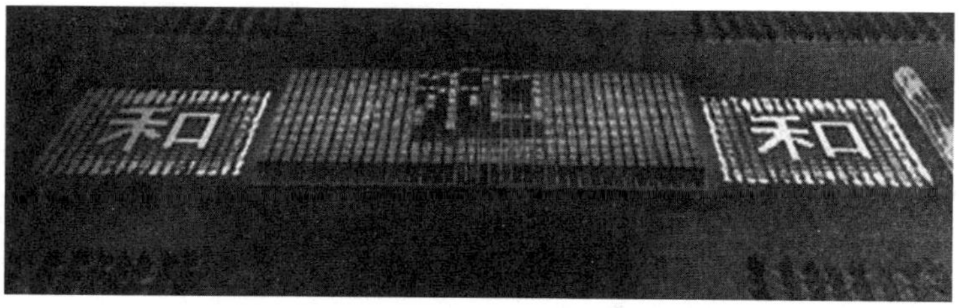

“和为贵”是中国的传统观念，意思是人和各种事物的关系都要和谐、融洽。儒家“太和”的观念，包括自然的和谐、人与自然的和谐、人与人的和谐，还有人自我身心的和谐。除了儒家思想之外，佛教反对“杀生”，主张“与世无争”；道家主张“不争”，以“慈”“俭”“不敢为天下先”为“三宝”；墨家主张“兼相爱，交相利”，这些都是“和”的思想。

一说到“和”，人们就会想起“家和万事兴”。这句话的意思是“只要家庭和睦了，那么做什么事情都会顺顺利利”。试想一下，如果一个家庭总是吵吵闹闹，怎么会有好心情呢？做事情又怎么会成功呢？因此中国人提倡在家庭里父母爱护子女；子女孝顺父母；一家人心朝着同一个方向努力；一起分享快乐，一起分担压力；有福同享，有难同当。在中国人看来，为了家人和自己的理想打拼是一件幸福的事情，即使失败也不怕，因为我们知道家人会给我们温暖的怀抱，会包容我们、接纳我们、继续支持我们。所以，家是我们心灵的港湾，是我们坚强的后盾，是最温暖的大后方。

经典诵读

1. 天时不如地利，地利不如人和。（《孟子》）

译：（作战时）合适的时间、气候没有有利的地形重要，有利的地形又没有得到人心、上下团结重要。

2. 千万经典，孝义为先。（《增广贤文》）

译：成千上万部经典上都说，“孝”和“义”是人首先应当做到的。

练习

一、朗读

一方天地　　保持沉默　　不领情　　大后方　　坚决不同意　　茶几

一概拒绝　　十分向往　　断了炊　　没心思　　一笔生活费　　行业

身在福中不知福　　不由得大吃一惊

仿佛被遗忘了　　热气腾腾的排骨汤

从中学开始就盼望独立　　无论如何得挨过这一个月

二、请在括号里填上合适的字

独立（　）（　）　　一概（　）（　）　　宴请（　）（　）

（　）（　）心肠　　（　）（　）示威　　（　）（　）碰壁

永世（　）（　）　　事与（　）（　）　　身无（　）（　）

前（　）尽（　）　　（　）骨（　）心　　回（　）转（　）

三、选词填空

时常　　描述　　做主　　饥肠辘辘　　伙食　　怄气　　寄宿　　身无分文

1. 爸爸常常跟朋友说："家里的大事都是我________，不过我们家从来没有大事。"
2. 她的性格很爽快，有什么说什么，很少跟别人________。
3. 他中学上的是________学校，只有周末才回家住。
4. 一说到北京烤鸭，我立刻觉得________。
5. 学过的语法知识要________复习。
6. 即使你________，我也爱你！
7. 你能用语言________一下他的性格吗？
8. 有时候我们会自己做饭改善________。

四、完成句子

1. 白雪公主的后母____________，总是____________。（心肠）
2. 看到____________，我不由得____________。
3. 我本来想____________，____________。（事与愿违）

4. A：你考虑过结婚的事情吗？

B：____。（单身贵族）

5. A：他还是坚持一个人徒步去西藏吗？

B：____。（回心转意）

6. A：你的初恋是什么样的？

B：____。（刻骨铭心）

7. A：你害怕失败吗？

B：____。（倒不是……而是……）

8. A：如果你爸爸妈妈不同意怎么办？

B：____。（无论如何）

五、选用下面的词语改写句子，要求保持句子意思不变

羡慕　暗示　碰壁　前功尽弃　领情　一概　心思　永世难忘

1. 求求您帮帮我们吧！如果您不帮我们的话，我们之前做的努力都白做了！

改写为：____

2. 失恋了，他连吃饭的心情都没有了。

改写为：____

3. 大家提出的建议，经理全部反对。

改写为：____

4. 你的大恩大德我永远都不会忘记！

改写为：____

5. 她的文具盒里装满了各种漂亮的笔，男孩子看着十分眼馋。

改写为：____

6. 人生总会有遇到困难的时候，坚持就是胜利！

改写为：____

7. 谢谢大家！大家的情意我心领了！

改写为：____

8. 他轻轻地拍了拍我的肩膀，提醒我不要生气。

改写为：____

六、完形填空

请把下面的词语填回到文章中：

盛饭　便　难得　原本　不时　千金　马上　非要

孝顺　吃来吃去

妈妈喜欢吃鱼头

在我依（yī）稀（xī）记事的时候，家里很穷，一个月也__________吃上一次鱼肉。每次吃鱼，妈妈先把鱼头夹在自己碗里，将鱼肚子上的肉夹下，极仔细地捡去很少的几根大刺，放在我碗里，其余的便是父亲的了。当我也吵着要吃鱼头时，她总是说："妈妈喜欢吃鱼头。"

我想，鱼头一定很好吃的。有一次父亲不在家，我趁妈妈__________的时候，夹了一个，__________，觉得没鱼肚子上的肉好吃。

那年外婆到我家，妈妈买了家乡很金贵的鲑（guī）鱼。吃饭时，妈妈把__________属于我的那块鱼肚子上的肉，夹进了外婆的碗里。外婆说："你忘啦？妈妈最喜欢吃鱼头。"外婆眯缝着眼，慢慢地挑去那几根大刺，放进我的碗里，并说："孩子，你吃。"接着，外婆就夹起鱼头，用没牙的嘴，津（jīn）津（jīn）有味地吃着，__________吐出一根根小刺。我一边吃着没刺的鱼肉，一边想："怎么妈妈的妈妈也喜欢吃鱼头？"

29 岁时我成了家。生活好了，我和妻子经常买些鱼肉之类的好菜。每次吃鱼，最后剩下的，总是几个无人问津的鱼头。第二年，我们喜得__________，转眼女儿也能自己吃饭了。有一次午餐，妻子夹了一块鱼肚子上的肉，麻利地挑去大刺，放在女儿的碗里，自己却夹起了鱼头。女儿见状，也吵着要吃鱼头。妻子说："乖孩子，妈妈喜欢吃鱼头。"谁知女儿说什么也不答应，__________吃不可。妻子无奈，好不容易从鱼头里挑出点没刺的肉来，可女儿吃了__________吐出，连说不好吃，从此再也不吃鱼头了。

从那以后，每逢吃鱼，妻子便将鱼肚子上的肉夹给女儿，女儿总是很艰难地用汤匙切下鱼头，放进妈妈的碗里，很__________地说："妈妈，您吃鱼头。"从那以后，我悟出了一个道理：女人做了母亲，__________喜欢吃鱼头了。

（作者：陈运松，选自《散文》1991 年第 5 期）

七、熟练背诵下列语段

1. 倒不是不领情，而是怕退一步就会前功尽弃。

2. 我接过面包，心里一阵酸楚，想起母亲常说“我们是一家人”，那句话刻骨铭心，永世难忘。

3. 当晚，一家人又在灯下共进晚餐，就如沐浴在阳光下，轻松而又温暖。

4. 现在，我早已真正另立门户，可我时常会走很远的路回到母亲身边。一家人围坐在灯下吃一顿饭，饭菜虽朴素但心中充满亲情，因为我们是一家人。

5. 人长大后都是要独立的，可家和家人却是永远的爱，永远的大后方。

八、阅读理解

歌词两首

时间都去哪儿了

陈曦　词　　董冬冬　曲　　王铮亮　唱

门前老树长新芽(yá)
院里枯(kū)木又开花
半生存了好多话
藏进了满头白发
记忆中的小脚丫
肉嘟嘟的小嘴巴
一生把爱交给他
只为那一声爸妈
时间都去哪儿了
还没好好感受年轻就老了
生儿养女一辈子
满脑子都是孩子哭了笑了
时间都去哪儿了
还没好好看看你眼睛就花了
柴(chái)米油盐半辈子
转眼就只剩下满脸的皱纹了

一封家书

李春波 词、曲　　李春波 唱

亲爱的爸爸妈妈：

你们好吗？

工作很忙吧？身体好吗？

我现在中国挺好的。爸爸妈妈不要太牵挂。虽然我很少写信，其实我很想家。

爸爸每天都上班吗？身体不好就不要去了。忙了一辈子，任劳任怨（rèn láo rèn yuàn），也该歇（xiē）歇了。我买了一条项链（xiàng liàn）给妈妈，别舍不得戴上吧。

以前儿子不太听话，现在懂事，他长大了。

哥哥姐姐常回来吧？替我问候他们吧！有什么活就让他们干，自己孩子有什么客气的。

爸爸妈妈多保重身体，不要让儿子放心不下。今年春节我一定回来。

好了，先写到这儿吧。

此致

敬礼！

××××年××月××日

（歌词略有改动）

练习：

1. 把这两首歌唱给你的家人听，谈一谈你觉得“时间都去哪儿了”？
2. 请参照《一封家书》，给你的家人写一封家书。

九、趣味汉语

阅读笑话，完成练习：

家务劳动，人人有责

妈妈做家务做得心烦，就在家里的小黑板上写了句话：

家务劳动，人人有责！

下午儿子放学回家，看见黑板上的字，就在第一个“人”上面加了一横。变成了：

家务劳动，大人有责！

晚上丈夫回家，看见黑板上的字，又在第一个“人”上加了一横，变成了：

家务劳动，夫人有责！

请给下面几个字添一笔，变成另一个字：

日：______________________ 口：______________________

个：______________________ 头：______________________

灭：______________________ 牛：______________________

第七课

课前准备

1. 你就读的城市在中国的北方还是南方？
2. 你在中国感受到了哪些地区差异？

课文

趣说南北

中国的南方和北方有什么不同？最简单的答案是：冬天，北方很冷，南方不冷。

真的是这样的吗？很多人会撇撇嘴[1]，表示不同意，就连北方人也认为不是这么回事儿。他们开玩笑说："我是一只来自北方的狼（láng），到了南方，却被冻成了一条狗。"你说，南方冷不冷？其实，南方冬天冷的时间很短，绝大多数（jué dà duō shù）时候都挺暖和的，但要是真冷起来那真是冷得要命[2]。不同的是：北方干燥[3]少雨，它的冷是干冷；南方多雨潮湿，它的冷是湿冷。北方干冷就是你多穿点衣服就可以了，而南方的湿冷你穿再多的衣服，冷气还是往你身体里钻。尤其[4]是北方屋子里有暖气，外面大雪纷飞[5]，屋里却温暖如（rú）春；但南方就惨[6]了，没有暖气，屋里屋外一样冷！

开玩笑：例：他喜欢和朋友～。

绝大多数：～时候；～人；～地方

形容词＋得＋要命（要死）：例：懒得要死；痛得要命；忙得要死

如：像。例：亲～姐妹；风景～画

南方多水乡，水乡里要行(xíng)船；北方多平原(píng yuán)，平原上好跑马，这叫“南船北马”。南方人指路，总是说前后左右；北方人指路，总是说东西南北。说前后左右，是以人为坐标(zuò biāo)；说东西南北，是以物为参照[7]，这也许可以叫“南人北物”。南方水源丰富，雨水充足[8]，天气湿热，人也就容易上火，上火了就要喝凉茶(liáng chá)；北方水源欠缺[9]，常年干旱[10]，就没有养成[11]每天洗澡的习惯。所以南方人说北方人：“你们太脏了，几天都不洗一次澡。”北方人不服气[12]，说南方人：“你们南方人才脏呢，天天都要洗澡。”

平原：例：华北～；广阔的～

坐标：以……为坐标。

南方和北方吃的不一样。南方人吃米，北方人吃面。米饭不能单吃，得有菜，所以南方的烹调[13]，功夫[14]花在菜上。八大菜系，基本上[15]是南方人大显身手[16]。北方人以面食为主，厨师[17]可以做出好多花样[18]来。光是条状的，就有拉面、揪(jiū)面、切面、挂面、刀削(xiāo)面等，而拉面之中，又有拉条子、揪片子、炮仗(pàozhàng)子等。南方人弄不清这么多名堂[19]，统统[20]都叫“面”。要细分，也就是宽面细面、汤面炒面、云吞面炸酱(jiàng)面。

<u>一方水土[21]养一方人</u>。北方人高大，男生一米八也不算高，女生一米七的也多得是。男生浓眉[22]大眼，女生也身材高挑[23]。而南方人，正好和北方人相反[24]，什么都是小小的，尤其是女生，娇小[25]秀气[26]。不少高大的北方女生说在南方找不到男朋友，因为南方人长得太瘦小了，配不上大码[27]的自己……

一方水土养一方人：由于环境的不同，不同地方的人会有不同的特点（外貌、性格、生活习惯等）。

不同的地理[28]环境还形成[29]了北方人和南方人不同的性格[30]，南方人柔和[31]细腻[32]，北方人耿直[33]爽快[34]。有人说：南方妹子柔情[35]似水，北方姑娘爽朗[36]直接；南方男人觉得听老婆话是一种幸福，而北方汉子[37]就得是家里的大丈夫：有志气或有作为的男子。例：男人就应该是~。

大丈夫。

至于[38]说话，北方方言种类[39]少，普通话以北方方言为标准[40]，北方人的普通话自然会标准很多，怎么说都能猜出大概的意思。但是听南方人讲话，麻烦就大了。南方方言多，像湖(hú)南(nán)省，就是同一个县的，县头和县尾的方言都可能完全不一样。至于粤语、上海话和闽(mǐn)南话，那更像外语一样，听他们说话恨不得[41]找个翻译来才好，所以有北方人笑称南方是“鸟语花香[42]”的世界。

南方和北方，不一样，就是不一样。您说呢？

（根据易中天《西北风东南雨》等资料改编）

生词

撇嘴[1]	piězuǐ	动	例：撇~　~要哭
要命[2]	yàomìng	动	例：高兴得~　痒得~　真~
干燥[3]	gānzào	形	例：气候~　皮肤~　空气~ 【近】干旱
尤其[4]	yóuqí	副	例：我喜欢中国画，~是山水画。
纷飞[5]	fēnfēi	动	例：大雪~　细雨~　战火~
惨[6]	cǎn	形	悲惨、可怜。例：那个小孩真~，在垃圾堆里捡东西吃。
参照[7]	cānzhào	动	例：学年论文可以~毕业论文格式来做。
充足[8]	chōngzú	形	多到可以满足需要。例：阳光~　雨水~
欠缺[9]	qiànquē	动	不够，缺少。例：大学生们的主要不足是~实践经验。
干旱[10]	gānhàn	形	例：~地区 【近】干燥
养成[11]	yǎngchéng	动	例：他从小~了爱劳动的好习惯。
服气[12]	fúqì	动	例：表面上认输了，心里却不~。

烹调[13]	pēngtiáo	动	例：～技术　～高手　～菜肴
功夫[14]	gōng · fu	名	（做事情）用的时间和精力。 例：下～　花～　费～
基本上[15]	jīběn · shàng	副	例：工作～是他在做。
大显身手[16]	dàxiǎn－shēnshǒu		例：运动员在赛场上～。
厨师[17]	chúshī	名	例：～都是擅长烹调的人。
花样[18]	huāyàng	名	例：这个厨师做的蛋糕有很多～。
名堂[19]	míng · tang	名	例：晚会的～真多，既有唱歌，又有跳舞。
统统[20]	tǒngtǒng	副	例：那些事情～都由你负责。
水土[21]	shuǐtǔ	名	例：～不服　一方～养一方人
浓眉[22]	nóngméi	名	例：～大眼
高挑[23]	gāotiǎo	形	形容身材瘦长，个子高。例：身材～　个子～
相反[24]	xiāngfǎn	形	例：澳大利亚和中国的季节是～的，中国的夏天正好是澳大利亚的冬天。
娇小[25]	jiāoxiǎo	形	娇嫩小巧。例：～的女孩　～的花朵
秀气[26]	xiùqì	形	例：眉眼长得很～。 他的字写得很～。
码[27]	mǎ	量	例：加大～　大～　中～　小～　加小～
地理[28]	dìlǐ	名	例：每个国家的～情况不一样，气候也不一样。
形成[29]	xíngchéng	动	例：你知道雪和雨是怎么～的吗？
性格[30]	xìnggé	名	例：～开朗　～温柔　～内向　～外向
柔和[31]	róuhé	形	例：声音～　光线～　线条～　手感～
细腻[32]	xìnì	形	例：一般来说，女孩子比男孩子～一些。
耿直[33]	gěngzhí	形	例：他是个～的人，有啥说啥。
爽快[34]	shuǎng · kuai	形	例：他很～地答应了。
柔情[35]	róuqíng	名	温柔的感情。例：～似水　～蜜意
爽朗[36]	shuǎnglǎng	形	开朗，直爽。例：～的笑声　他这个人很～。
汉子[37]	hàn · zi	名	男人。例：这样做，才像个～！
至于[38]	zhìyú	介	表示另提一事。 例：毕业晚会的时间就定在6月，～地点，暂定在礼堂。
种类[39]	zhǒnglèi	名	例：狗的～有很多。

标准[40]	biāozhǔn	形	例：很～　符合～　～答案
恨不得[41]	hèn · bu · de	动	急切希望，巴不得。 例：太想家了，我～长出翅膀来飞回去。
鸟语花香[42]	niǎoyǔ – huāxiāng		鸟儿叫，花儿香。例：春天到了，到处～。

谈一谈

1. “我是一只来自北方的狼，到了南方，却被冻成了一条狗。”这句话是什么意思？

2. 第三段谈到了南北方哪几方面不同？为什么会有这些差异？

3. 吃的方面，南北方有什么差异？这里的“功夫”是什么意思？

4. “一方水土养一方人”是什么意思？南方人和北方人在身材、性格方面各有什么特点？

5. 从语言的角度来看，南方人学普通话容易吗？说南方是“鸟语花香的世界”是什么意思？这是一种什么说法？

6. 小组讨论（一人记录每人看法的关键词，一人负责汇报本组主要看法）：

在你的国家里，有南北差异吗？请举例说明。

阅读课文

傣（dǎi）族（zú）泼水节

泼水节是傣族的新年，一般在傣历六月中旬（阳历4月13日至15日这三天）举行，是傣族人最隆重的传统节日。在傣族人看来，水是圣洁[1]和美好的象征，是生命之神，世界上有了水，万物才能生长。因此，人们在新年时用纯净[2]的清水相互泼（pō）洒（sǎ），祈求[3]洗去过去的不顺，在新的一年里消（xiāo）灾（zāi）免难、平安幸福。

万物：一切事物。

消灾：消除灾祸。

泼水节的第一天傣语叫“麦日”，意思是送旧，相当于汉族的除夕。清晨，人们采来鲜花和绿叶到佛寺供奉(gòng fèng)，用清水“浴佛(yù fó)”，祈求神灵保佑(shén líng bǎo yòu)人们来年[4]安康[5]。这天还有划龙舟、放高升(shēng)等表演。人们穿着盛装从四面八方汇聚(huì jù)到风光秀丽[6]的澜沧(lán cāng)江边。一声号(hào)令，一支支高升腾(téng)空而起，一艘艘龙舟箭一般地冲向对岸；各种音乐同时响起，澜沧江两岸顿时变成了欢乐的海洋。

第二天叫“恼日”，这是个多余[7]的日子，不计算在旧年内，也不计算在新年内，所以也叫做“空日”。这天被认为是不干净的日子，需要沐浴(mù yù)、洗头、理发、更(gēng)衣，把过去一年中所有不好的事情统统都洗掉，干干净净进入新的一年。

第三天就是新年元旦，叫“叭网玛”。傣家人认为这一天是最美好、最吉祥的日子。这一天是泼水节的高潮(cháo)，在村子中的广场上，男女老少围成一圈，像美丽的孔雀(kǒng què)一样翩翩起舞，人们还时不时爆(bào)发出“水、水、水”的欢呼声。人们一边起舞，一边呼喊，一边泼水，祝福的水花到处飞溅，场面[8]十分壮观。刚开始泼水的时候，彬(bīn)彬有礼的傣家姑娘一边说着祝福的话语，一边用竹叶、树枝蘸着盆里的水向对方洒过去。“水花放，傣家狂”，到了高潮，人们用脸盆甚至水桶盛水，在大街小巷嬉戏(xī xì)追逐，逢人便泼。前面的水、背后的水、旁边的水，尽情[9]地泼来，一个个全身湿透，但人们兴高采烈[10]，到处充满欢声笑语。

泼水节期间，未婚[11]青年男女喜欢玩“丢包”的游戏。“包”是爱情的信物，由傣家姑娘用花布精心[12]制作，

汇聚：聚集。

号令：命令。

腾空而起：一下子升到天空。

沐浴：洗澡。

更：例：～换；～新；变～

高潮：最热闹的时候。

爆发：突然发出。

彬彬有礼：有礼貌的样子。

嬉戏：玩耍，游戏。

信物：例：定情～；爱情～

棉籽：棉花的种子。

里面装着棉籽（zǐ），外面的四角都有五彩花穗（suì）。丢包时，在草坪上男女各站一排，先由姑娘将包丢给小伙子，小伙子再丢给姑娘。如果小伙子没接住花包，就得把事先准备好的鲜花插在姑娘的头上；如果姑娘没接住，就得把鲜花插到小伙子的胸前。就这样花包飞来飞去，一段段浪漫的爱情故事就开始了。

除了傣族，中国的纳（nà）西族、德昂（dé áng）族等少数民族，东南亚的泰国、老挝（wō）、缅甸（miǎn diàn）、柬埔寨（jiǎn pǔ zhài）等国家也都有泼水节。

（根据网络资料改编）

生词

圣洁[1]	shèngjié	形	神圣而纯洁。例：~的心灵　~的莲花
纯净[2]	chúnjìng	形	单纯干净。例：~水　~的灵魂
祈求[3]	qíqiú	动	真诚地希望或请求。 例：春节了，门上贴上“福”字~幸福。
来年[4]	láinián	名	明年。例：估计~会有好收获。
安康[5]	ānkāng	形	平安健康。例：祝您幸福~！
秀丽[6]	xiùlì	形	清秀美丽。例：~的山水　风景~
多余[7]	duōyú	形	例：~的钱　~的菜　你这些担心完全是~的。
场面[8]	chǎngmiàn	名	例：送别的~　比赛的~　精彩~
尽情[9]	jìnqíng	副	例：~欢笑　~地唱啊跳啊
兴高采烈[10]	xìnggāo－cǎiliè		例：春节了，大家~地贴春联放鞭炮。
未婚[11]	wèihūn	形	例：~青年　~男女 【反】已婚
精心[12]	jīngxīn	形	例：~安排　~设计　~制作

词语辨析

1. 爽朗　爽快

相同：

都是形容词，都可以形容直爽。

例：他这个人很爽朗。（爽快）

不同：

（1）“爽朗”形容人时还强调性格开朗，多做定语修饰名词。而“爽快”更强调为人做事干脆、直截了当，可以做状语，表示“爽快地做什么”。

例：爽朗的笑声（×爽快）

你这人办事怎么这么不爽快，一会儿说行一会儿又说不行。（×爽朗）

（2）除了表示直爽外，“爽朗”还可以表示天气晴朗，空气流通，让人感到舒服畅快。而“爽快”还可以表示痛快。

例：深秋的天空十分爽朗。（×爽快）

洗个澡，身上爽快多了。（×爽朗）

搭配：

爽朗——很～/～极了/～的人/为人～/～的笑声/～的天空

爽快——很～/～极了/～的人/为人～/办事～/～地答应了

练习：

（1）他（　　）答应了。

（2）他为人（　　），心里有什么就说什么。

（3）雨过天晴，真（　　）。

2. 充分　充足

相同：

都可以做形容词，表示足够多，不缺乏。都可以做谓语，都可以受程度副词的修饰。在用于形容“理由、证据、时间、信心”等时，常常可以互换。

例：请假要有充分的理由。（充足）

我们有充分的信心，你放心吧！（充足）

不同：

（1）“充分”表示程度很高，多用于抽象的事物，如“自由、准备、说服力”等。而“充足”强调数量多，多用于较具体的事物，如“人力、体力、粮食、营养、光线、阳光、水分”等。

例：在我们公司，每个人都有充分的自由。（×充足）

小明的话有充分的说服力。（×充足）

海南岛一年四季都有充足的阳光。（×充分）

这个房间阳光充足。（×充分）

（2）“充分”可以修饰双音节动词，作状语，表示“尽量”或“足够”；“充足”常常作定语和谓语。

例：我们要充分利用一切条件来保护自然环境。（×充足）

充足的阳光雨露带来了今年的粮食大丰收。（×充分）

搭配：

充分——很~/~极了/~的理由/~利用/~发挥/~说明

充足——很~/~极了/~的阳光/~的雨水/~的理由

练习：

（1）你还有（　　）的时间来准备。

（2）今年雨季的雨水很（　　）。

（3）她的故事（　　）说明了只要努力就会有收获。

段落训练

1. 课文介绍了中国的南北差异，采用对比的方法来介绍了哪些方面的不同？文章用了哪些方法来展示这些差异？

表示差异的词语：不同的是；不一样；而；相反；不同的；但是

表示反义的词语：南方—北方；冷—不冷；干燥少雨—多雨潮湿

标点符号：分号“；”

2. 问卷调查

男生和女生在不少方面都有明显的差异。下面的表格调查设计了一些情景，请调查10位同学（男生5位，女生5位），请他们回答表格里的问题（或在下列情景中会做什么？会说什么?）。请根据他们的回答，用一些表示差异的词语、反义词和标点符号写一段话来展示男女差异。

	男生	女生
晚上6点跟朋友约会，几点开始准备？		
和好朋友聊天时说什么？		
买手机时，怎么选手机？		
喜欢逛街吗？		
有多少个包？		
朋友理发了，你觉得不太好看，你会说什么？		

文化点滴

中国菜系

菜系，是指长期发展变化形成的、具有鲜明的地方特色的菜肴流派。早在春秋时期，各地的饮食就表现出差异。到了清代，鲁菜、淮扬菜、粤菜、川菜成为当时最有影响力的地方菜，被称作“四大菜系”。后来，四大菜系又慢慢分化成“八大菜系”，即鲁菜、川菜、淮扬菜/苏菜、粤菜、闽菜、浙菜、湘菜、徽菜。

	口味	代表菜	特点/地位
鲁菜	咸鲜	北京烤鸭、扒鸡	八大菜系之首；宫廷菜
川菜	麻辣	麻婆豆腐、宫保鸡丁、火锅	民间最大菜系
淮扬菜/苏菜	甜	松鼠鱼、小笼包、扬州炒饭	宫廷第二大菜系，国宴仍以淮扬菜系为主
粤菜	原汁原味、清淡、鲜	老火汤、各种点心、酿豆腐、牛肉丸	食在广州
闽菜	咸甜（南部）、香辣（北部）	佛跳墙、醉糟鸡、沙县小吃	多海鲜
浙菜	酱香味浓	龙井虾仁、西湖醋鱼	多河鲜
湘菜	重油、重盐、重辣	剁椒鱼头、东安子鸡、腊鱼	鲜辣
徽菜	重油、重盐	熏鸭、臭鳜鱼	咸香

菜系的分化，主要是由于各地的地理、气候、烹调方法等不同。如中国北方多牛羊，常以牛羊肉做菜；江南多水产，人们喜食鱼；中国沿海多海鲜，则擅长用海鲜做菜。一般说来，中国北方寒冷，菜肴以浓厚咸味为主；东部地区气候温和，菜肴则以甜味和咸味为主；西南地区多雨潮湿，因此麻辣味浓。

除了八大菜系外，东北菜、本帮菜（上海菜）等菜系的影响也很大。

经典诵读

1. 十里不同风，百里不同俗。

译：不同的地方有不同的风俗习惯。

2. 盖（gài）时有古今，地有南北，字有更革（gēng gé），音有转移，亦（yì）势（shì）所必至（zhì）。

（【明】陈第《毛诗古音考·自序》）

译：时间上有古有今，地理上有南有北，文字有修改和革新，语音有发展变化，这些都是必然的趋势。

练习

一、朗读

开玩笑	绝大多数	温暖如春	雨水充足
不服气	养成习惯	浓眉大眼	身材高挑
恨不得	娇小秀气	耿直爽快	柔情似水
痛得要命	烦得要死	忙得要疯了	累得半死不活
不一样就是不一样		一方水土养一方人	

二、请在括号里填上合适的字

欠缺（　）（　）	标准（　）（　）	细腻的（　）（　）
（　）（　）要命	（　）（　）柔和	（　）（　）干燥
大显（　）（　）	大雪（　）（　）	身材（　）（　）
鸟（　）花（　）	性格（　）（　）	烹调（　）（　）

三、选词填空

服气　　水土　　爽快　　耿直　　干旱　　高挑　　花样　　柔和

1. 他性格__________，说话办事直来直去，所以有时候会让人不喜欢。
2. 中国的剪纸很有意思，一个“囍”字就能剪出很多__________。
3. 他觉得自己没有错，但被老师训斥了一顿，所以他有点不__________。
4. 张老师性格温柔，说话的声音也十分__________。
5. 你到中国多久了？适应这里的__________了吗？
6. 我一说，爸爸就__________地同意了。
7. 仙人掌凭着顽强的生命力在__________的沙漠中生长着。
8. 他希望找一个身材__________的女朋友。

四、完成句子

1. 到中国以后，他慢慢______________________________的习惯。（养成）
2. 大家都喜欢中国菜，__________________________________。（尤其）
3. __________________________________，只有少数人同意。（绝大多数）
4. ______________________________________，请你别在意。（开玩笑）
5. 我们班有两个一等奖学金名额，____________________________。（至于）
6. 姐姐的性格和我正好__________，她活泼好动，而我__________。（相反）
7. A：你的作业做得怎么样了？

   B：____。（基本上）
8. A：很久没见你了，最近怎么样啊？

   B：____。（……得要命）

五、选用下面的词语改写句子，要求保持句子意思不变

惨　　烹调　　功夫　　大显身手　　统统　　恨不得　　爽朗　　鸟语花香

1. 不管做什么事情，只要你肯花时间和精力，就会有回报。

改写为：____

2. 走到半路突然下暴雨，又没伞，真可怜啊！

改写为：____

3. 这次比赛，我们班的同学充分展示了自己的才能。

改写为：____

4. 秋风变得凉爽了，给我舒服畅快的感觉。

改写为：________________

5. 爸爸做饭技术很好，我们全家都喜欢吃他做的菜。

改写为：________________

6. 小花园里花儿香，鸟儿叫。

改写为：________________

7. 妈妈也很辛苦，家里的家务全部是她在做。

改写为：________________

8. 我真希望马上来到你的身边！

改写为：________________

六、根据课文内容填关键词

	南方	北方
气候		
交通工具		
指路		
饮食		
身材		
性格		
方言		

七、熟练背诵下列语段

1. 北方屋子里有暖气，外面大雪纷飞，屋里却温暖如春。

2. 一方水土养一方人。北方人高大，男生一米八也不算高，女生一米七的也多得是。而南方人，正好和北方人相反，什么都是小小的，尤其是女生，娇小秀气。

3. 不同的地理环境还形成了北方人和南方人不同的性格，南方人柔和细腻，北方人耿直爽快。有人说：南方妹子柔情似水，北方姑娘爽朗直接；南方男人觉得听老婆话是一种幸福，而北方汉子就得是家里的大丈夫。

4. 在傣族人看来，水是圣洁和美好的象征，是生命之神，世界上有了水，万物才能生长。因此，人们在新年时用纯净的清水相互泼洒，祈求洗去过去的不顺，在新的一年里消灾免难、平安幸福。

八、阅读理解

有趣的少数民族(zú)风俗

中国是一个多民族国家，56个民族就像56朵争奇斗艳的鲜花，每一朵都有各自的特色。

下面我们就来看看瑶(yáo)族和哈萨克(hā sà kè)族有趣的风俗吧。

瑶族：爱她，你就歌唱吧

在瑶族，你会看到小姑娘脖子上戴着漂亮的银项圈(xiàng quān)，这表示她还没有结婚。这银项圈外人是不能碰的，因为每个瑶族小姑娘一出生，家长就为她戴上定做的银项圈，直到她结婚那天才能由她丈夫解下来。那么，如果你看到脖子上没有戴银项圈的姑娘，就表示她已经结婚了。如果你是个小伙子，哪天到瑶寨(zhài)玩，你可要注意啦！要是有姑娘踩了你一脚，你千万别生气地还她一脚。因为，她踩你一脚是表示她喜欢你，踩得越重表示她越喜欢。如果你也踩她的话，说明你也喜欢她，愿意娶(qǔ)她，那她家马上就会请全村的长(zhǎng)老来定亲，你就走不了啦！那如果小伙子看上谁家姑娘怎么办呢？他会在晚上到姑娘住的竹楼下唱歌，如果姑娘也喜欢他，就会和他对唱；如果姑娘没看上他，就会泼一盆冷水下来，那他就会知趣地离开了。

哈萨克族：爱他，你就扬(yáng)起皮鞭(biān)吧

“我愿做一只小羊，跟在她身旁。我愿她拿着细细的皮鞭，不断轻轻打在我身上……”

听过这首歌吗？这可不是歌者有受虐(nüè)的倾(qīng)向，这是草原上独有的风俗——“姑娘追”。姑娘追在哈萨克语中叫“克孜库瓦尔”，这是草原上的哈萨克族青年人谈恋爱的方式。活动开始的时候，未婚的一男一女两人骑马并排走向指定的地点。去的时候，小伙子可以跟姑娘开各种玩笑，甚至可以拥抱、亲吻，但姑娘不能生气。到达指定地点后，小伙子立刻骑马往回跑，姑娘赶紧在后面追，追上后可以用皮鞭在小伙子的头上挥绕甚至可以鞭打，以报复(bào fù)小伙子的调(tiáo)笑，但小伙子不能还(huán)手，只能赶紧逃(táo)跑。不过如果两人你情我愿，那姑娘就会轻轻地挥动皮鞭，不让皮鞭打到心上人的身上。所以，爱他就扬起皮鞭吧！要知道，甜蜜的爱情总是伴(bàn)随(suí)着痛苦，痛并快乐着呢。

亲爱的朋友，你还知道哪些有趣的民俗呢？

（作者：佚名，根据网络资料改编）

根据文章内容完成下列题目：

1．瑶族姑娘戴的银项圈是（　　）

A. 为了漂亮　　B. 表示还没结婚

C. 表示已经结婚了　　D. 表示已经成人了

2. 瑶族姑娘如果踩你一脚，是因为（　　）

A. 她喜欢你　　B. 你踩到她了

C. 她生气了　　D. 她讨厌你

3．瑶族小伙子到竹楼下唱歌，如果这个姑娘也喜欢这个小伙子，她可以（　　）

A. 泼他一盆冷水　　B. 踩他一脚

C. 把项圈送给他　　D. 和他对唱

4. 哈萨克族的姑娘追，去的时候小伙子不能做什么？（　　）

A. 开玩笑　　B. 拥抱

C. 往回跑　　D. 亲吻

5. 哈萨克族的小伙子到达目的地后可以做什么？（　　）

A. 逃跑　　B. 拥抱

C. 还手　　D. 亲吻

九、趣味汉语

南方和北方有很大差异，因此，在汉语词语中常常用“南”和“北”来表示相反的事物或情况。例如：

南来北往

指的是：有的从南往北，有的从北往南。泛指来来往往。

南腔(qiāng)北调

原来指戏曲的南北腔调。现在形容说话口音不纯，掺杂着方言，也指各地方言的人都有。

在这两个词语中，“南”和“北”，“来”和“往”是相反的；“腔”和“调”是相似的。

汉语的词语常常用这种相反、相似的方法来造词。请你从相反、相似的角度在横线上填上一个合适的字组成词或句：

天南________ ________

东张________ ________

________ ________ 小怪

生离________ ________

同甘________ ________

________ 天 ________地

________ ________ 不努力，老大徒伤悲。

第八课

课前准备

1. 你喜欢喝咖啡吗？你习惯买什么价位的咖啡？
2. 如果同一个东西有几种不同的价格，你会怎么想？

课文

一杯咖啡三种价格

因工作需要，我去了一趟法国(fǎ guó)。刚到没多久，应一个老朋友的邀请去一家咖啡店叙旧[1]。我欣(xīn)然前往，连忙赶到了咖啡店。这是一间不论外表[2]还是招牌都很普通的咖啡店，名叫“席拉的小店”。虽然整个空间装潢(huáng)简洁[3]，但充满了温馨[4]的格调，顾客络绎不绝[5]，生意很兴隆[6]的样子。

> 欣然：愉快的样子。
>
> 不论……还是……都……：例：这本书不论是文字还是插图都很美。
>
> 装潢：装饰，使变漂亮。
>
> 格调：艺术特点的综合表现。

还没点咖啡，就被法国人的热情奔放[7]惊呆了。旁边一位胖胖的男士刚入座便毫无征兆[8]地去拥抱[9]邻桌的一位女士，那位女士也很开心地迎了上去。然后，那位胖男士点了一杯咖啡，我亲眼[10]看到服务员过来只收了他1.4欧(ōu)元。

> 还没……就……：例：还没睡醒就得出发了。
>
> 刚……便……：例：刚坐下爸爸妈妈便摆了一桌子菜。

一杯咖啡居然这么便宜，难怪[11]这家店生意这么红火。

待朋友进来后，我径(jìng)直走到服务台点咖啡，用不太流利的法语对服务生说：“我要一杯咖啡。”服务生略(lüè)显惊奇[12]地看了看我，问了一句：“麻烦您再重复一下刚才的话，好吗？”我以为我蹩脚[13]的法语他没有听懂，便又怯(qiè)怯地重复了一遍，“我要一杯咖啡”。这次，服务生没有再说什么，迅速[14]递给了我一杯咖啡，并告诉我说：“这杯咖啡7欧元，女士。”我有点不敢相信自己的耳朵，又问了一遍，确认[15]还是7欧元后，虽然对刚才那个胖男士的咖啡价格耿耿于怀[16]，但终究不好意思追问[17]，只好无奈[18]地付了7欧元。

径直：直接。

略：稍微，有点儿。例：~胖；~瘦；~快

怯：胆小、害怕。例：胆~；心~

终究：最后，总归。

回到座位上，我就跟朋友发起牢骚[19]来：“这怎么回事？为什么同样一杯咖啡，只收那位男士1.4欧元，却收了我7欧元？这不公平[20]！”朋友笑得很狡猾[21]，说我继续[22]看下去就知道了。

发牢骚：例：发了几句牢骚；发起牢骚来

不一会儿，又来了一位优雅[23]的女士，对服务员说：“请给我准备一杯咖啡好吗？”服务员马上递给了她一杯香浓的咖啡，收了她4.25欧元。我注意到她点的是跟我们一模一样[24]的咖啡，难道[25]说这家店看人收费？可是刚才那位男士没有什么特别之处啊！

之：的。例：伤心~事；难忘~旅；感恩~心

陆陆续续[26]地有人来买咖啡，我发现同样一杯咖啡，竟然有1.4欧元、4.25欧元和7欧元三种截然不同[27]的价格！我开始对自己受到7欧元的不公平待遇[28]愤愤不平[29]起来。

这时朋友哈哈大笑了起来，说出了真相[30]：“你有没有注意到他们对服务生说的话呢？如果你只是对他们说‘来杯咖啡！’价钱就是7欧元；你若说‘请给我一杯咖啡。’价钱就是4.25欧元；但是你要是说‘你好，请给我一杯咖啡好吗？’甚至给陌生人一个拥抱的话，就是1.4欧元。”

若：如果。例：你~安好，便是晴天。

即使……也……：即使没有你，我也会过得很好。

可见一斑：比喻见到事物的一小部分也能推测出事物的整体。

以……来……：例：以在中国旅行的方式来学习汉语。

她接着说："在电报刚兴起[31]的时候，法国人因为一个'请'字就浪费了将近200万欧元。即使这样，法国人也没有放弃[32]发电报时用'请'字。法国人对礼貌待人的执着[33]可见一斑（bān）。"

听完她的解释，我顿时恍然大悟[34]，对这家咖啡店独特的创意[35]十分感慨[36]。回想起刚才，自己图[37]方便，忽略[38]了礼貌的表达形式，对服务生说出了不客气的句子，我不禁[39]有些羞愧[40]难当[41]。

我想，以咖啡的不同价格来启发[42]人们注意礼貌，真是一个不错的构思[43]。这家名叫"席拉的小店"的咖啡店用这种特别的方式告诉了人们应该礼貌待人，以优雅方式与人相处。

（作者：孙梦叶，选自《意林》2014年第24期，有删改）

生词

叙旧[1]	xùjiù	动	例：老同学一见面就叙起旧来了。 【重叠】叙叙旧
外表[2]	wàibiǎo	名	例：这辆汽车～看起来就很豪华。
简洁[3]	jiǎnjié	形	（说话、行文）简单明白，没有多余的。 例：文笔～　说话～
温馨[4]	wēnxīn	形	例：～的家　～的夜晚
络绎不绝[5]	luòyìbùjué		例：这家饭店的生意很好，来吃饭的客人～。
兴隆[6]	xīnglóng	形	例：生意～
奔放[7]	bēnfàng	形	例：热情～　～的舞蹈
征兆[8]	zhēngzhào	名	例：不祥的～　毫无～　明显的～
拥抱[9]	yōngbào	动	例：那个国家的人习惯用～表示欢迎。
亲眼[10]	qīnyǎn	副	用自己的眼睛（看到的）。例：～所见　～看到
难怪[11]	nánguài	副	怪不得。 例：～老师这么高兴，原来这次比赛我们班得了

			第一名！
惊奇[12]	jīngqí	形	惊讶奇怪。例：～的目光　觉得很～　令人～
蹩脚[13]	biéjiǎo	形	不好，不强。例：～货　～的英文
迅速[14]	xùnsù	形	非常快。例：反应～　～发展　～地离开
确认[15]	quèrèn	动	例：我再次～了明天考试的地点。
耿耿于怀[16]	gěnggěngyúhuái		例：事情过去很久了，但他还是～。
追问[17]	zhuīwèn	动	例：既然他不知道，就不要再～他了。
无奈[18]	wúnài	动	例：出于～　万般～
牢骚[19]	láosao	名	不满的情绪。例：发～　～抱怨
公平[20]	gōngpíng	形	例：～合理　～交易
狡猾[21]	jiǎohuá	形	例：狐狸非常～。
继续[22]	jìxù	动	例：～不停　～工作　～学习
优雅[23]	yōuyǎ	形	优美高雅。例：～的动作　举止～　～的女士
一模一样[24]	yīmú－yīyàng		完全一样。例：这两件衣服～。
难道[25]	nándào	副	表示估计，猜测。也可以说“难道说”。 例：半夜了还亮着灯，～他还没睡？
陆续[26]	lùxù	副	例：～又来了很多人。 【重叠】陆陆续续
截然不同[27]	jiéránbùtóng		例：她们虽然是姐妹，但性格～。
待遇[28]	dàiyù	名	例：工资～　不公平的～　冷淡的～
愤愤不平[29]	fènfènbùpíng		例：她考了第一名却没得到奖学金，我替她～。
真相[30]	zhēnxiàng	名	真实的情况。例：事情的～并不是你想的那样。
兴起[31]	xīngqǐ	动	开始出现并兴盛起来。例：全世界～了汉语热。
放弃[32]	fàngqì	动	丢掉，不要了。 例：因为脚受伤了，他只好～了这次足球比赛。
执着[33]	zhízhuó	形	坚持。例：虽然失败了，但他没有放弃，还是很～。
恍然大悟[34]	huǎngrándàwù		一下子明白了。例：听了爸爸妈妈的解释，我才～。
创意[35]	chuàngyì	名	创造性的想法。例：有～　没有～　这次毕业晚会的～很好。
感慨[36]	gǎnkǎi	动	例：看到那些老照片，心中～万千。

图[37]	tú	动	希望得到。例：父母从不～儿女什么回报。
忽略[38]	hūlüè	动	没有注意到。例：只追求数量，而～了质量。
不禁[39]	bùjīn	副	忍不住。例：看电影里男女主角不得不分开，她～流泪了。
羞愧[40]	xiūkuì	形	例：感到～　～难当　～难言
难当[41]	nándāng	动	例：羞愧～　好人～
启发[42]	qǐfā	动	说明事例，让对方联想后理解、领悟。例：这个故事～我们要孝敬父母。
构思[43]	gòusī	动	例：这部电影的～很好。

谈一谈

1. 这个咖啡店看起来有什么特色？一开始，“我”觉得这家咖啡店生意兴隆的原因是什么？

2. “我”要了一杯什么样的咖啡？服务员为什么很惊奇？“我”为什么怯怯的？这杯咖啡多少钱？“我”向朋友发牢骚，她却让“我”做什么？

3. 那位优雅的女士买了一杯什么样的咖啡？多少钱？

4. 法国人发电报不会省略哪一个字？为此花了多少钱？这说明法国人对什么很执着？

5. 一杯咖啡有哪三种价格？“我”觉得这个创意怎么样？

6. 小组讨论（一人记录每人看法的关键词，一人负责汇报本组主要看法）：

（1）你喜欢这家咖啡店的创意吗？

（2）请介绍一个你觉得特别有创意的商店、广告或者活动。

阅读课文

外国人眼中的“中国符号[1]”

xī ní
悉尼一家书店里，在一本本外文书中，一本红色烫金字中文的《孙子（sūn zǐ）兵法》非常吸引眼球，书名翻译为 *The Art of War*（战争[2]的艺术）。奇妙[3]的是，《孙子兵法》作为书店的畅销[4]书，竟然摆放在了一堆商业书籍[5]之中。这让我亲眼见识[6]了，在知识经济时代参与经济竞争，同样需要“The Art of War”。

同样在悉尼，我走进一家旅行社，看到各国的宣传画册，在巴厘（bā lí）岛的梯田（tī tián）、泰国的普吉海滩[7]、美国的自由女神像之间，我看到了 *CHINA*，画面是西安兵马俑。这就是一眼就能认出来的中国符号。

在与外国朋友交往中，我发现，外国人眼中的“中国符号”，或者说他们对中国的印象可谓（wèi）“千奇百怪[8]”，但他们眼中的中国，也的确值得我们思考。

可谓：可以说。

在突尼斯（tū ní sī），导游威斯娜告诉我，在她眼中，中国符号是神奇[9]的烫（tàng）伤膏。她去中国旅行时，有团友被烫伤，愈合：伤口长好。

瞪：例：~着眼睛看别人是不礼貌的。

造型：动作形象。例：每次照相他都摆出各种各样的~。

奇花异草：特别的花草。

免税：没有关税。

强劲：强有力。

劳工：工人。

配料：搭配用的材料。例：中国人烹调的~很复杂。

中国导游拿来了烫伤膏，涂上后伤口很快愈(yù)合——她眼睛瞪(dèng)得大大地向我讲述那膏(gāo)药的快速[10]功效。她专门在中国购买[11]了一支，不过一直没有机会用来向众人展示它的神效。

在突尼斯集市的小商人，见到我们会先说日语，我们摇摇头说："No, we come from China."然后，那小伙子摆出了李小龙的招牌造型(zào xíng)，口中配合着发出"呵呵"的声音。在他眼中，"中国符号"就是中国功夫。

在爱尔兰，比尔城堡(bǎo)的第12代伯爵(bó jué)和妻子曾3次前往中国云南，带回各种奇花异草，种植在他们的城堡之中。至今，他们的城堡花园中有一大片区域(yù)，专门命名为"云南省"。伯爵告诉我们，中国就是一个拥有神奇植物的国度[12]。

在悉尼，机场免税(shuì)店的工作人员说，只要抵达一架从中国飞来澳洲的飞机，Jurlique货架的化妆[13]水就会被一抢而空，"中国符号"意味着强劲的购买力。

此外，北京奥运、长城、小桥流水、西藏(xī zàng)、便宜货、中国制造的服装、出口劳工、毛主席、无处不在的唐人街、以宫保鸡丁为代表的中餐，甚至Doufu（中国豆腐正在成为法国大厨的精彩配料(pèi liào)）……都成为外国人眼中的"中国符号"。

（根据大莉水手的博客改编，http://blog.sina.com.cn/bigbiglily）

生词

符号[1]	fúhào	名	例：有人说，大熊猫是代表中国的～。
战争[2]	zhànzhēng	名	例：希望世界和平，没有～。
奇妙[3]	qímiào	形	例：～世界　构思～
畅销[4]	chàngxiāo	形	很快地卖了很多。例：～世界各地　～货
书籍[5]	shūjí	名	（许多）书。例：他在中国买了一堆中国文化方面的～。
见识[6]	jiàn · shi	动	例：（增）长～　有～ 外出旅行让我～了各国的风土人情。
海滩[7]	hǎitān	名	例：东南亚有很多漂亮的～。
千奇百怪[8]	qiānqí－bǎiguài		例：旅行时可能遇到～的事情。
神奇[9]	shénqí	形	例：魔术真～！
快速[10]	kuàisù	形	例：我们～地通过了十字路口。
购买[11]	gòumǎi	动	例：到外地旅游可以～一些特产作纪念。
国度[12]	guódù	名	国家。例：我们班的同学来自不同的～。
化妆[13]	huàzhuāng	动	例：你赞成女孩子～吗？

词语辨析

1. 请　邀请

相同：

都可以做动词，表示有礼貌地约某人到某个地方去参加活动。做谓语时，常常可以互换。

例：这个周末我想邀请几个朋友到家里吃饭。（请）

不同：

（1）“邀请”比较正式，常用于书面语。“请”多用于口语。

（2）“请”的使用范围广，让别人做某件事情、某个动作或担任某个任务，都可以用“请”，但不能用“邀请”。“邀请”限于请人做客、参观访问或参加重要活动，使用范围较小。

例：我想请他当我的论文指导老师。（×邀请）

这件事情你一定要请人帮忙。（×邀请）

这次该我请客了。（×邀请）

请进，请坐，请喝茶。（×邀请）

（3）“邀请”可以做名词，可以做定语，例如“邀请信、邀请赛”等，还可以做动词的宾语。“请”不能做名词，没有这些用法。

例：我拒绝了他的邀请。（×请）

搭配：

请——~你参加/~他吃饭/~他当顾问/~客/~坐

邀请——~你参加/~他吃饭/接受~/拒绝~/应……的~/~信

练习：

（1）（　　）站起来回答问题。

（2）他终于接受了我的（　　）。

（3）我们（　　）过他很多次，可惜他都没时间。

2. 忽略　忽视

相同：

都是动词，都可以表示“没有注意到”的意思。

不同：

（1）“忽略”可以表示“忽略不计”的意思。

例：这几分钱可以忽略不计。（×忽视）

（2）“忽视”可以表示因为没有注意到，所以不重视。“忽略”只是强调没有注意到，大多是因为注意不够或考虑不周。

例：绝不能只顾生产，而忽视安全。（×忽略）

搭配：

忽略——不能~/不要~/~了/可以~/~不计

忽视——不能~/不要~/~了/~安全/~锻炼

练习：

（1）不能（　　）爸爸妈妈的意见。

（2）小数点后面的数字可以（　　）不计。

（3）她长期（　　）锻炼，身体越来越差。

3. 难怪　怪不得

相同：

（1）都可以做副词，表示明白了原因，不再觉得奇怪；前面或后面常有表示原因的语句，可以跟“原来”配合使用；经常可以互换，“怪不得”比“难怪”口语化一些。

例：难怪他的汉语说得这么好，原来他在中国学过五年。（怪不得）

（2）也都可以做动词，表示不能责怪、不能批评，有原谅的意思，经常可以互换。

例：那也怪不得他，他太忙了。（难怪）

不同：

做动词时，“怪不得”表示不能责怪、不能批评，一定要带宾语。“难怪”表示很难责怪很难批评，可以带宾语，也可以不带宾语，一般跟“也”搭配组成“（这/那）也难怪”。

例：这件事情也难怪莉莉，她还那么小！（怪不得）

要怪就怪我没说清楚，怪不得别人。（×难怪）

这也难怪，他家离得太远了，每天来回跑是挺累的。（×怪不得）

练习：

（1）昨天的事情（　　）他，主要是我没告诉他。

（2）这也（　　），她刚来中国，没有什么朋友，生活也不习惯，想家也正常。

（3）原来他感冒了，（　　）昨天没来上课。

段落训练

1. 阅读课文介绍了多少种符号？作者怎么介绍这些符号的？请根据下面的提示简单复述一下：

（引出）　在悉尼的书店里……

　　　　　在悉尼的旅行社里……

（概况）　……千奇百怪……

（分别介绍）突尼斯：导游

　　　　　　　　小商人

　　　　　爱尔兰：比尔城堡的伯爵和妻子

　　　　　悉尼：机场免税店的工作人员

（其他）　此外

2. 小组活动

分小组相互采访，说一说对某个国家的印象，参照阅读课文的写作方法，以“××‘符号’”为题目，小组里的每个同学各写一段，合作完成一篇小文章。

文化点滴

读万卷书， 行万里路

中国古人认为，多读书，多游历，是增长知识必不可少的两个方面。

“读万卷书”，意思是努力地读书，广博地学习前人的知识，力求通过博览群书获得间接知识。因为个人的时间和精力总是有限的，有很多事情无法亲自体验，通过读书来学习前人的知识经验是一种有效的方法。书读得多了，自然就明白了书里的知识。唐代大诗人杜甫曾说他的诗写得好，是因为他读得多，所以能“读书破万卷，下笔如有神”。不仅读的书要多，而且读的次数也要多，古人说“书读百遍其义自见”，意思是一本书读的次数多了，里面的意思自然就懂了。

“行万里路”，意思是要走很远的路。古人认为，只读书是不够的，求知的第二步是遍游各地，亲见亲历，这叫作“游学”。“游学”一是可以增长见识，获得新知识；二是可以检验从书上得来的知识是否正确；三是可以学以致用，在游历时把知识运用到实践中。孔子和孟子都曾周游列国，他们都努力劝说君主用自己的学说来建设国家；李时珍更是在游历了大山名川之后，结合实际情况写出了巨作《本草纲目》。

“读万卷书，行万里路”是中国古代读书人求知的基本模式，首先要“读万卷书”，然后再“行万里路”。只有重视知识（知）并且重视实践（行），把“知”和“行”统一起来，才能称得上是“善”。

经典诵读

1. 良言一句三冬暖，恶(è)语伤人六月寒。(《增广贤文》)

译：一句好听的话，即使在寒冷的冬季也会让人感到温暖；一句难听的话，即使在炎热的六月也会让人感到寒冷。

2. 不学礼，无以立。(《论语·季氏篇第十六》)

译：做人要有礼貌，如果没有礼貌，就无法在家庭、社会中立足。

练习

一、朗读

欣然前往　　一模一样　　发牢骚　　图方便　　叙叙旧

亲眼看到　　不太流利　　毫无征兆　　不错的构思

应老朋友的要求　　即使这样，也没有放弃

应她的邀请　　即使那样，也没有生气

应大家的建议　　即使下雨，我也要去

二、填字构词，再连线

1. 装(　　)	A. 思(　　)
2. 香(　　)的	B. 兴隆
3. 不公平的	C. 格调
4. 蹩(　　)的	D. 真(　　)
5. 值得	E. 咖啡
6. 生(　　)	F. (　　)遇
7. 说出	G. 简洁
8. 温(　　)的	H. 英文

三、选词填空

忽略　　叙旧　　邀请　　难怪　　外表　　温馨　　确认　　执着　　创意

1. 毕业十年了，这次聚会我们得好好聊聊天__________。
2. 看人不能只看__________，内在的美才是真正的美。
3. 妈妈把家里布置得很__________。
4. 我们已经给他发出了正式的__________。
5. 你__________你的航班是明天7：30出发？
6. 这个小问题可以__________不计。
7. __________他不愿意去，原来他已经去过三次了。
8. 你对汉语这么__________，一定会成功的。
9. __________的广告才能吸引观众。

四、完成对话

邀请　　难道　　难怪　　追问　　耿耿于怀

一模一样　　络绎不绝　　发牢骚

1. A：他是泰国人。

   B：哦，原来他是泰国人啊。________________________。

2. A：想起昨天的事情我就生气。

   B：别________________________，还是忘了吧！

3. A：你们请王教授参加开学典礼了吗？

   B：____________了，____________信已经给他送去了。

4. A：哇，你跟你姐姐____________，很难分清楚谁是谁。

   B：是的，我们是双胞胎。

5. A：你怎么知道这家店不错？

   B：你看，________________________，所以我猜应该不错吧。

6. A：请你不要再问为什么了！问得我很烦啊！

   B：好吧，________________________。

7. A：&% *@ $&#$@ *% $#……

   B：别________________________了！赶紧做作业吧！

8. A：马上就要考试了吗？我还没复习啊！

   B：天哪！________________________？你死定了！

五、模仿造句

1. 还没点咖啡，就被法国人的热情奔放惊呆了。（还没……就……）

____。

2. 旁边一位胖胖的男士刚入座便毫无征兆地去拥抱邻桌的一位女士。（刚……便……）

____。

3. 虽然对刚才那个胖男士的咖啡价格耿耿于怀，但是终究不好意思追问，只好无奈地付了7欧元。（虽然……但是……只好……）

____。

4. 应一个老朋友的邀请去一家咖啡店叙旧。（应……的邀请）

____。

5. 我想，以咖啡的不同价格来启发人们注意礼貌，真是一个不错的构思。（以……来……）

____。

6. 如果你只是对他们说“来杯咖啡！”价钱就是7欧元；你若说“请给我一杯咖啡。”价钱就是4.25欧元；但是你要是说“你好，请给我一杯咖啡好吗？”甚至给陌生人一个拥抱的话，就是1.4欧元。

（如果……就是…… 若……就是…… 要是……就是……）

____。

六、选用下面的词语改写句子，要求保持句子意思不变

恍然大悟 不禁 迅速 无奈 千奇百怪 简洁 兴隆 蹩脚

1. 我的英语太差了，看不懂这部电影。

改写成：____

2. 看到导游的小旗子，大家都很快过来集合了。

改写成：____

3. 对不起，我也没有办法，请你重新再买一张票吧。

改写成：____

4. 听了他的解释，我一下子明白了。

改写成：____

5. 祝你们店生意越来越红火！

改写成：____

6. 这本书介绍了各种各样奇特的小动物。

改写成：____

7. 开学典礼上，校长的中文致辞简单清楚，我们都听懂了。

改写成：____

8. 听到熟悉的歌曲，我忍不住掉下泪来。

改写成：____

七、熟练背诵下列语段

1. 虽然整个空间装潢简洁，但充满了温馨的格调，顾客络绎不绝，生意很兴隆的样子。

2. 还没点咖啡，就被法国人的热情奔放惊呆了。旁边一位胖胖的男士刚入座便毫

无征兆地去拥抱邻桌的一位女士，那位女士也很开心地迎了上去。

3．虽然对刚才那个胖男士的咖啡价格耿耿于怀，但终究不好意思追问，只好无奈地付了7欧元。

4．如果你只是对他们说“来杯咖啡！”价钱就是7欧元；你若说“请给我一杯咖啡。”价钱就是4.25欧元；但是你要是说“你好，请给我一杯咖啡好吗？”甚至给陌生人一个拥抱的话，就是1.4欧元。

5．我想，以咖啡的不同价格来启发人们注意礼貌，真是一个不错的构思。

八、阅读理解

“广州—乌鲁木齐—广州”摩托行

“有没有可能独自骑摩托车跑遍中国？”我问一个朋友。他在中国六年了，对中国公路的情况非常了解。“不可能”，他肯定地说，“到了西部，路很难走，经常有灾难(zāinàn)发生，万一出什么问题，会很危险。”“不可能”，我不喜欢这个词。路难走没关系，每天少跑点儿也耽误不了什么；灾难可能到处都会有；“危险”对我来说是一个挑战，不危险意味着不冒险，不冒险意味着不好玩儿。

这个夏天，机会来了，我有两个月的假期，问题是去哪儿？我已经骑摩托车跑遍了广东周围的省；汉语水平还算可以，能轻松地跟中国人交流。我想，应该去一个很远的、跟我看过的风景不同的地方，而最吸引我的城市就是乌鲁木齐。

七月，一切准备就绪(xù)。防寒的服装、抗高原反应的药和地图都在包里面，我可以出发了。

在那个月里，我跑了一万一千公里，经过了十一个省，换了两次后轮胎。那个月，也是我在中国最快乐的一段时间。绿油油的田地、高高的山、热情的沙漠……都让我很享受，最重要的是中国人对我都很友好。中国人的门一直是向我敞(chǎng)开的，不管我需要什么，他们都会尽力帮助，我感到自己很受欢迎。中国人的热情令我十分感动。

骑到乌鲁木齐不是件容易的事情。本来我不能吃辣的菜，但经过四川时发现不吃辣就没饭吃。我跟十个老板说过“麻烦你给我一些不辣的菜”，但得到的答案都是一样的：“不辣不好吃。”在四川的一个星期，我无可奈何地学会了吃辣椒。

四川藏区人口稀少，路也不好走，奋斗一整天只能跑一两百公里。在一个冷冷的雨夜，我到了甘孜（gān zī）的一个小村庄。在找酒店时看到了一个和尚，就请他帮忙。他说酒店有是有，但是价格也是够可以的，不如去他家住。在和尚家度过的那个晚上，我大概了解了藏族人的生活。第二天早上，和尚带我去参观他们的寺庙（sì miào），让我了解了他们寺庙里的生活。

新疆的沙漠很大，天气炎热，不过最可怕的是刮大风，到处是沙子，很难看清路，必须特别小心。在本地人看来，沙漠是一个很普通的地方，没什么特别的，这是因为他们在沙漠出生，在沙漠长大；但在我看来，沙漠是世界上最自在的地方，晚上一边赏月一边听着吹过的风声，我简直怀疑自己是在梦里。

乌鲁木齐终于到了。我从来没有想过，在沙漠中会有一个这么有活力的城市。晚上十一点天才黑，年轻人到处都是，他们非常享受夏天。但我在乌鲁木齐遇到了让我意外的事情，因为我长得跟维吾尔族人有点儿像，他们竟然以为我是本地人！

在外面的时候，有很多朋友跟我联系，鼓励我坚持下去，我的女朋友小燕也是。这次因为她有工作无法跟我一起去，可是我感到她一直在我心里，冷的时候给我温暖；累的时候给我力量；渴的时候变成了我心里的水。

曾经有个中国朋友问我："你们一个学期只学三个月，会不会太少了？"现在我有了答案。在学校学汉语要努力，可是要深入了解中国文化和各地风土人情，仅仅在学校学是不够的。中国有很多有意思的地方，我们应该利用假期的时间，好好地跟中国人交流。在学校好好学中文是第一步，第二步是去外面运用我们学到的知识，只有这样才能变成一个真正的"中国通"。

（据中山大学国际汉语学院阿尔巴尼亚留学生蔡日航习作改编）

根据文章内容回答下列问题：

1. "我"为什么想去乌鲁木齐？
2. 在四川"我"遇到了多少件特别难忘的事情？分别是什么？
3. "我"觉得沙漠怎么样？跟本地人看法一样吗？
4. "我"在乌鲁木齐遇到了什么意外的事情？
5. 要成为"中国通"要分几步？分别要做什么？

九、语言游戏

请看下面的图，一共有几个字？猜一猜可以有几种读法？为什么可以这样读？

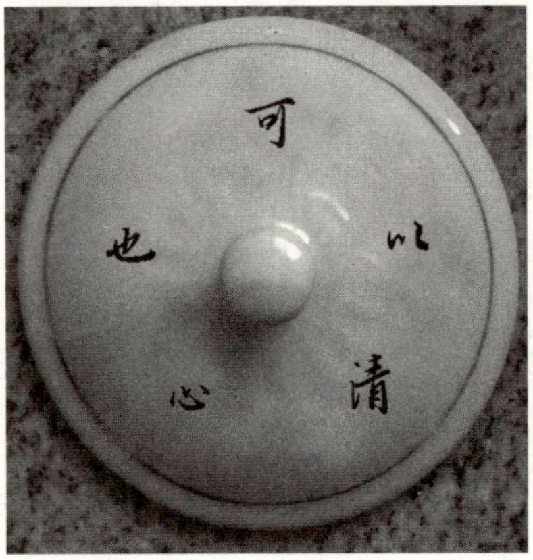

第九课

课前准备

1. 你理想的工作是什么？你觉得如果想找到好工作要具备怎样的能力？
2. 如果你乘坐飞机时错过了航班，而身上又没钱了，你会怎么办？
3. 你认为在处理突发情况时，哪些方面的能力比较重要？

课文

误[1]了趟航班[2]，找到份好工作

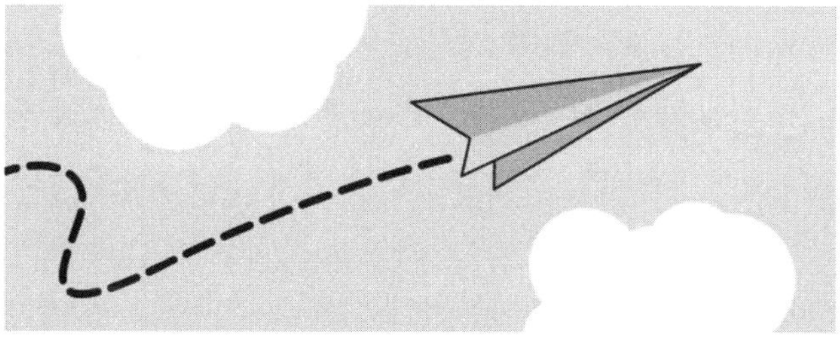

你还在为找工作发愁[3]吗？确实，大部分毕业生谈到就业[4]就唉声叹气[5]，可是厦门大学的李豫晨却在国外找到一份不错的工作——新加坡机场地勤客服长官。更神奇的是，这个工作可以说是“捡”来的。

长官：新加坡华语中的职务名称。

李豫晨是生物系学生，去年年底到新加坡参加一个心理学课程。课程结束准备回国时，却因睡过头错过[6]了航班。在新加坡机场，她身上只有六角新币，也没有电话卡，怎么办呢？她并没有惊慌失措，而是想起了刚学

惊慌失措：吓得慌了手脚，不知道怎么办才好。例：地震发生时，大家～，四散逃课。

过的课程："要勇于打破自己的'舒适[7]区'，不用害怕别人的眼光。"她便拿出一张纸，写下自己的困难，做起了"乞丐"："您是否愿意凑[8]钱为我买一张返程[9]机票？"

李豫晨大方地举着牌，效果[10]还不错，仅仅半个小时，她就募集（mù jí）到80元新币。同时，机场的大堂经理也注意到了李豫晨，前来询问[11]。李豫晨便讲述了自己的处境[12]，没想到经理对她很感兴趣，两人便聊了起来。

"遇到这样的情况，你怎么不怕呢？"

"因为我曾环球旅行，什么困难没见过？"原来李豫晨读了两年大学后，突然对前途[13]迷失[14]了方向。老师提醒[15]她说："你这样下去，可毕不了业，更别想找到好工作哦。"可她就是提不起精神来，不知道是该继续念下去，还是转专业。在大三上学期，正好有一个到新加坡南洋理工大学做交换生的项目，于是她报了名，结果，这次交换学习让她大开眼界[16]。交换学习一结束，她便办了休学[17]手续[18]，和世界各地的100多位同伴[19]边做义工[20]边旅行。

经理笑着说："你胆子[21]挺大啊！"

接着李豫晨讲了很多旅游见闻[22]：她遇见了坚持自己梦想的乐观[23]导游；她遇见了不收一分钱借房间给他们休息等巴士的旅店老板；在柬埔寨（jiǎn pǔ zhài），她遭遇了洪涝并遇见了在洪水里游泳的孩子……她几乎每个星期都会换个城市去游历。她去过戒毒所，也在防家暴中心做过志愿者，到过富人区，也去过贫民窟（kū）。

李豫晨在旅游中认识了很多人，听了很多故事，让她常常有"与君一席话，胜读十年书"的感觉。她说，旅游使她有了信仰[24]，改变了她的心态[25]。她曾走过闹市[26]，也在最偏远[27]的山村留下了足迹[28]。她感受着秀美[29]的山川，迷人[30]的文化，在生理极限[31]时感受生命，在孤

勇于：例：～承担；～承认错误

募集：例：～资金；～作品

便：就。

正好：刚好、恰好。

洪涝：大雨或持续降雨造成的淹水现象。

游历：到远地游览。例：～名山大川

防：例：预～；～涝；谨～假冒

贫民窟：城市中贫苦人聚集的地方。

独和艰难[32]的时刻召唤（zhào huàn）勇气。远行归来，她发现自己变了，变得不再内向[33]，不再犹豫，不再迷失方向；变得心态平和[34]，变得眼界开阔[35]，对特困难和危险是那么淡定，以至于可以笑着面对它们。从新加坡到马来西亚，从美国到墨西哥，她走过了 3 个大洲、14 个国家、20 多个城镇，住过 20 个寄宿家庭，还把自己的经历写成一本书——《把青春塞进旅行箱》。

大堂经理也被她感染[36]了，便问："我们这里正好在招聘，我发现你挺合适的，你要不要试一试？"

面试时，她说："我喜欢旅行，对机场有异常[37]的亲切[38]感，这份工作能够与来自世界各地的人打交道。"新加坡机场有来自世界各地的旅客，他们正好需要了解多元文化的职员[39]。就这样，半个月后，李豫晨接到了录取[40]通知。

李豫晨说找工作并不[41]难，就看你胆子够不够大，敢不敢闯荡[42]人生，有没有丰富的阅历，有没有独立的见解[43]，能不能找到合适的岗位[44]。

召唤：例：新的生活在～着我们。

以至于：例：天气变化得太快，～很多同学都感冒了。

城镇：城市和集镇。

感：例：美～；好～；自豪～

阅历：由经历得来的知识。例：～浅

（作者：苗向东，根据《思维与智慧》2013 年第 10 期同名文章改写）

生词

误[1]	wù	动	耽误。例：你快去吧，不要～了大事。
航班[2]	hángbān	名	客轮或客机航行的班次。 例：我们每周有两班飞巴黎的～。
发愁[3]	fāchóu	动	因为没有主意或办法而感到愁闷。 例：别～，资金问题我来想办法解决。
就业[4]	jiùyè	动	参加工作。例：一份好的简历可以帮助你顺利～。
唉声叹气[5]	āishēng－tànqì		例：你整天～的，到底有什么心事？
错过[6]	cuòguò	动	失去（时机、对象）。 例：～这个村就没有那个店了。

舒适[7]	shūshì	形	舒服安逸。例：环境～　～的生活
凑[8]	còu	动	例：～钱　～足了人数　～热闹
返程[9]	fǎnchéng	名	例：你的～票买好了吗？
		动	例：长假即将结束，旅客纷纷～。
效果[10]	xiàoguǒ	名	例：教学～　音响～　～显著
询问[11]	xúnwèn	动	征求意见；打听。例：他向经理～公司的情况。
处境[12]	chǔjìng	名	所处的境地（多指不利的情况下）。例：～困难　～危险
前途[13]	qiántú	名	前面的路程，比喻将来的光景。例：光明的～　～远大
迷失[14]	míshī	动	弄不清（方向）；走错（道路）。例：～方向　～自我
提醒[15]	tíxǐng	动	例：我每天早上调闹钟～自己起床。
眼界[16]	yǎnjiè	名	例：～开阔　～狭窄　大开～
休学[17]	xiūxué	动	例：他因病～了一年。
手续[18]	shǒuxù	名	办事的程序。例：报名～　借款～　办理转学～
同伴[19]	tóngbàn	名	例：他找了个～一起去北京旅行。
义工[20]	yìgōng	名	例：退休后他到福利院当起了～。
胆子[21]	dǎn·zi	名	胆量。例：你一个人去这么危险的地方，～不小啊。
见闻[22]	jiànwén	名	见到和听到的事。例：～广　增长～
乐观[23]	lèguān	形	例：她是一个～开朗的女生。
信仰[24]	xìnyǎng	名	例：你的～是什么？
		动	例：你～佛教吗？
心态[25]	xīntài	名	心理状态。例：～乐观　～平静　良好的～
闹市[26]	nàoshì	名	繁华热闹的街市。例：～区
偏远[27]	piānyuǎn	形	偏僻而遥远。例：我的父亲出生在一个～的小山村。
足迹[28]	zújì	名	例：他热爱旅游，中国很多地方都有他的～。
秀美[29]	xiùměi	形	清秀美丽。例：容貌～　山川～
迷人[30]	mírén	形	例：这里的景色十分～。
极限[31]	jíxiàn	名	最高的限度。例：现在，9 秒 47 是人类 100 米短跑的～。

艰难[32]	jiānnán	形	非常困难。例：生活～　行动～　～的时刻
内向[33]	nèixiàng	形	例：他是性格～的人，不轻易发表意见。
平和[34]	pínghé	形	（性情或言行）温和。例：语气～　态度～　气氛～
开阔[35]	kāikuò	形	例：～的广场　他是一个思路～、性格活泼的人。
		动	例：～眼界　～路面
感染[36]	gǎnrǎn	动	例：小心别让伤口～了。 欢乐的气氛～了每一个人。
异常[37]	yìcháng	形	不同于寻常。例：神色～　情况～　～现象
		副	非常；特别。例：～激动　～美丽　～反感
亲切[38]	qīnqiè	形	例：总理～地慰问灾区人民。 老师的～指导和关怀，我铭记在心。
职员[39]	zhíyuán	名	例：这家公司～的待遇很好。
录取[40]	lùqǔ	动	例：他被××公司～了！
并不[41]	bìngbù	副	强调否定。例：很多人说那部电影不错，我觉得～好看。
闯荡[42]	chuǎngdàng	动	例：他 15 岁就出来～社会了。
见解[43]	jiànjiě	名	对事物的认识和看法。例：他对中医有独到的～。
岗位[44]	gǎngwèi	名	例：他几十年如一日地坚守自己的工作～。

谈一谈

1. 为什么说李豫晨的工作是“捡”来的？
2. 李豫晨错过了回国的航班怎么办？
3. 李豫晨休学以后做了什么？
4. 李豫晨在旅游中有哪些见闻？
5. 新加坡机场为什么会录用李豫晨？
6. 李豫晨身上有哪些特点能感染你？
7. 要找到一份好工作，你觉得什么最重要？

阅读课文

青春[1]不只是孤独的狂欢[2]

寝室里只听到一片敲击键盘的声音，四个女孩安静地面对着各自的电脑上网，屏幕（píng mù）投射（tóu shè）在她们专注的脸庞（páng）上。突然，一个女生扭头对室友说："你看到了吗？我在微博上@你了。"另一个咯咯笑出声来："看到了呀，我回复你啦，快去看。"而她俩之间的距离，不到两米。

脸庞：脸。

这是当代[3]大学宿舍中最常见的一幕。

毫不夸张地说，十年前开始流行起来的社交媒体，已经完全改变了当代大学生们的生活。走在校园里，你随时可以看到低头紧盯手机屏幕的人匆匆走过；课堂上，一张张埋在电脑背后的脸多半[4]是在翻看好友更新[5]的照片和日志；甚至连社团会议和小组讨论都开始被微信群代替；越来越多的学生养成了"起床刷微博，躺下发微信"的习惯。

夸张：夸大。

日志：日记。

越来越多的大学生表示"比起说话，我更愿意发短信"，我们渐渐习惯那个网络中的"我"，而越来越少面对面地真实交流。我们懒得花十分钟梳（shū）洗打扮再坐半小时地铁去和闺蜜（guī mì）小聚，而是情愿[6]穿着睡衣躺在床上使用微信对讲。这种高效率低成本的社交，让人与人的关系更加亲密，但也可能更加肤浅（fū qiǎn）。

梳洗：例：女生的～时间总比男生长。

闺蜜：例：我最喜欢跟～去逛街。

肤浅：例：～的认识；很～

科技带给我们一种"永远不需要独处"的错觉，让我们在排队时、吃饭时、等待公交车时，甚至在卫生间时都可以有事可做。但在我看来，过度依赖社交媒体带来了严重的孤独问题。过度的交流让我们没有时间安静地独处，以至于已经无法习惯孤独，当我们离开手机或是没及时收到回复时，我们就开始心慌意乱[7]。去年，微

错觉：例：一种～；造成～

过度：太。

信的大规模瘫痪（tān huàn）造成的慌乱让我们意识到，现代人最恐惧[8]的还是孤独，是被切断了与社会群体的联系，哪怕只是一小会儿。	瘫痪：比喻机构涣散、混乱，不能正常工作。 慌乱：慌张混乱。
有句歌词："狂欢是一群人的孤独，孤独是一个人的狂欢。"人生不能离群，但自修不能没有孤独。只有给自己独处的机会，才有可能安静地观察、冷静[9]地判断。将来无论从事什么行业[10]，只有在大学时代学会了孤独，才能在群体的喧嚣（xuān xiāo）中保持相对的清醒[11]和冷静。	自修：自己学习。 喧嚣：声音杂乱，不清楚。

（作者：李菡，选自《东京文学》2014年第17期，有删改）

生词

青春[1]	qīngchūn	名	青年时期。例：很多人～期都比较叛逆。
狂欢[2]	kuánghuān	动	例：泼水节是傣族的～节。
当代[3]	dāngdài	名	现在的这个时代。例：～的诗人你喜欢哪一位？
多半[4]	duōbàn	副	大概，很可能。例：这么晚了，他～不会过来了
更新[5]	gēngxīn	动	换成新的。例：他每天都～他的微博。
情愿[6]	qíngyuàn	副	宁可，宁愿。例：他～死，也不会同意。
心慌意乱[7]	xīnhuāng－yìluàn		例：每次在路上碰到他，我都～，满脸通红。
恐惧[8]	kǒngjù	形	例：～不安　十分～　～心理
冷静[9]	lěngjìng	形	例：头脑～下来好好想想吧！
行业[10]	hángyè	名	职业的类别。例：旅游业和餐饮业是不同的～。
清醒[11]	qīngxǐng	形	（头脑）清楚明白。例：早晨起来，头脑特别～。

词语辨析

1. 却　而

相同：

两者都表示转折的语气，表示前后两句的意思相反。

不同：

（1）“却”是副词，“而”是连词。

例：弟弟长得很高，哥哥却长得很矮。（×而）

（2）“却”只能放在主语后，“而”放在主语前。

例：弟弟长得很高，而哥哥长得很矮。（×却）

（3）“却”有强调的意思，“而”没有。

例：她不向我借钱，却向小王借。（×而）

练习：

（1）北方的冬天很冷，南方的冬天（　　）很暖和。

（2）北方的冬天很冷，（　　）南方的冬天很暖和。

（3）她明明可以自己做完这件事，（　　）不愿自己做。

2. 询问　咨询

相同：

都表示“问”，希望得到回答。

不同：

（1）对象不同，“咨询”的对象一般为专门处理某事的专业人员或管理人员，询问的对象则比较广。

例：关于HSK的考试时间，你可以到办公室咨询一下老师。（×询问）

老师询问了我的家庭情况。（×咨询）

（2）内容不同，“咨询”的内容一般是较专业的，“询问”则不受限。

例：我向律师咨询了一个法律问题。（×询问）

我询问了她的年龄、工作、爱好等问题。（×咨询）

搭配：

询问——～年龄/～爱好/～（工作、生活）情况

咨询——～业务/～法律问题/～专业问题

练习：

（1）他向旅游公司（　　）了相关的行程和服务。

（2）他向专家（　　）了有关注意事项。

（3）老师把他叫到办公室，（　　）他的身体状况。

3. 开阔　宽阔　辽阔

相同：

都表示“宽”“大”之意。

不同：

（1）词性不同，“辽阔”“宽阔”为形容词，“开阔”可作形容词，也可作动词，有“使……变大、变宽”等意义。

（2）范围不同，“辽阔”常用于指没有边界的海洋、草原、大地等，范围最大；“开阔”一般指面积大，视野宽广，没有障碍的，如广场、天空等；“宽阔”也指大而宽，但是有界限，常用于指马路、操场等。区别：辽阔 > 开阔 > 宽阔。

（3）所修饰的对象不同，“开阔”“宽阔”可用于修饰思想、思路等抽象的事物，“辽阔”不行。

搭配：

辽阔——～的海洋/～的土地/～的草原

开阔——～的视野/～的思想/～的胸怀/～的广场/～的天空/～视野/～眼界/～胸襟/～见识/～路面

宽阔——～的马路/～的操场/～的河面/～的思路/～的胸襟

练习：

（1）这条新建的马路很（　　）。

（2）雄鹰在（　　）的天空中自由飞翔。

（3）中国土地（　　），物产丰富。

（4）年轻人要丰富自己的阅历，（　　）眼界。

段落训练

1. 阅读课文讨论的是什么问题？文章一开始描写了什么样的情景？然后列举了哪些现象？作者的观点是什么？哪里可以看出他的观点？

2. 现在很多人都有“拖延症”，你知道有哪些“拖延症”的现象吗？请查阅资料后写一写你对这种现象的态度。建议参照阅读课文的写作方法来写：

首先，较详细地描写某现象的一个情景。

其次，列举几个相关现象。

最后，就这一现象发表自己的看法/提出解决的办法。

文化点滴

人生需要磨炼

天空不只有蔚蓝，云朵不只是白色。人生道路上也不可能一直都一帆风顺，难免会遇到挫折。在挫折来临时，请想一想，“不经历风雨怎能见彩虹？”

蝴蝶在破蛹(yǒng)而出之前，必须在蛹里面磨炼一番，因为只有这样，蝴蝶的翅膀才会变得硬起来，才会变得有力。假如蝴蝶没有经过这些磨炼，那么它的翅膀是硬不起来的，它也就飞不起来了。

据说，小鹰在快要长成雄鹰、已初步学会飞翔时，母鹰会忍痛折断小鹰的双翅将其扔下悬崖(xuán yá)。如果小鹰不能忍痛挥动双翅飞起来，那么就只能摔落崖底粉身碎骨。然而，也正是这种残酷的磨炼，成就了一只只翱翔(áo xiáng)于九天之上的雄鹰。

有个遭遇了一次次失败的青年人去请教一位高僧，高僧拿了两只装有茶叶的杯子，用温开水冲了一杯，叫青年人喝，青年人觉得一点香味也没有；高僧又用沸水冲了另一杯，没冲满，只见茶叶在杯子里上上下下地沉浮着，一会儿，一丝清香缓缓地从杯中飘出来……高僧这样加了三次水，茶叶在杯子里一次比一次沉浮得厉害，于是，青年人闻到了沁人心脾(qìn rén xīn pí)的芳香。

人生如蝶，如鹰，如茶，若没有那一次次的磨炼，怎能展现人生的精彩？

经典诵读

1. 玉不琢(zhuó)，不成器；人不学，不知道。（《礼记·学记》）

译：玉不经过加工，就不能成为器皿，人如果不学习，就不知道道理。比喻人不经过培养、锻炼，就不能成才。

2. 天将(jiāng jiàng)降大任于斯(sī)人也，必先苦其心志，劳其筋(jīn)骨，饿其体肤，空乏(fá)其身，行拂(fú)乱其所为(wéi)，所以动心忍性，曾益(zēng yì)其所不能。（《孟子》）

译：上天将要把重大责任降临到某人身上的时候，一定会先让他的意志遭受折磨，让他的筋骨经受劳累，让他的身体忍受饥饿，让他全身都困苦疲乏，让他遇到困扰麻烦。这样，才能使他的心态受到震动，使他的性格更加坚韧，从而增加他所未具备的能力。

练习

一、朗读

勇于承认错误　　大开眼界　　亲切感　　防火
敢于承担责任　　大饱口福　　责任感　　防灾
找工作并不难，就看你胆子够不够大　　因睡过头错过了航班
学习汉语并不难，就看你愿不愿意努力　　因大意失去了机会
更神奇的是　　与君一席话，胜读十年书
更可笑的是　　听君一席话，胜读十年书

二、请在括号里填上合适的字

（　）（　）的见解　　（　）（　）的阅历　　（　）（　）的山村
（　）（　）的山川　　（　）（　）机票　　心态（　）（　）
眼界（　）（　）　　遭遇（　）（　）　　（　）慌（　）措

三、选词填空

舒适　凑　效果　迷失　乐观　见闻　迷人　见解

1. 她是一个__________的人，一直都能笑着面对困难和挫折。
2. 每个人都有自己的__________，我们要多听取他人的意见。
3. 小王家里很穷，他的学费是乡亲们__________起来给他的。
4. 我同屋旅游一回来就跟我们说起了她的旅游__________。
5. 一群游客在森林里__________了方向。
6. 游客们都被桂林__________的风景吸引住了。
7. 有些人放弃了城市__________的生活，到艰苦的地方锻炼自己。
8. 这种感冒药很有__________，吃了两次感冒就好了。

四、完成句子

1. 她的变化太大了，＿＿＿＿＿＿＿＿＿＿＿＿＿＿＿＿＿＿＿＿。（以至于）
2. 我帮你去买词典吧，＿＿＿＿＿＿＿＿＿＿＿＿＿＿＿＿＿＿＿＿。（正好）
3. 听说好朋友生病了，＿＿＿＿＿＿＿＿＿＿＿＿＿＿＿＿＿＿＿＿。（便）
4. 我还以为他不来了呢，＿＿＿＿＿＿＿＿＿＿＿＿＿＿＿＿＿＿＿。（没想到）
5. ＿＿＿＿＿＿＿＿＿＿＿＿＿＿＿＿，所以很了解同学们。（跟……打交道）
6. 她是一个热爱旅游的人，＿＿＿＿＿＿＿＿＿＿＿＿＿＿＿＿＿＿。（游历）
7. 这次考试＿＿＿＿＿＿＿＿＿＿＿＿＿＿，就看你们有没有好好复习。（并不）
8. 这件衣服我都买不起，＿＿＿＿＿＿＿＿＿＿＿＿＿＿＿＿＿＿＿。（更别想）

五、选用下面的词语改写句子，要求保持句子意思不变

就业　　感染　　见闻　　返程　　处境　　多半　　情愿　　错过

1. 因为生病，他失去了一次跟大家去旅游的机会。

改写为：＿＿＿＿＿＿＿＿＿＿＿＿＿＿＿＿＿＿＿＿＿＿＿＿＿＿＿＿＿＿

2. 你买好回来的机票了吗？

改写为：＿＿＿＿＿＿＿＿＿＿＿＿＿＿＿＿＿＿＿＿＿＿＿＿＿＿＿＿＿＿

3. 他现在还没到，大概是路上堵车了。

改写为：＿＿＿＿＿＿＿＿＿＿＿＿＿＿＿＿＿＿＿＿＿＿＿＿＿＿＿＿＿＿

4. 我宁可不睡觉，也要把作业做完了再睡。

改写为：＿＿＿＿＿＿＿＿＿＿＿＿＿＿＿＿＿＿＿＿＿＿＿＿＿＿＿＿＿＿

5. 只要有能力，就一定能顺利参加工作。

改写为：＿＿＿＿＿＿＿＿＿＿＿＿＿＿＿＿＿＿＿＿＿＿＿＿＿＿＿＿＿＿

6. 她现在遇到了不少困难，我们要多帮助她。

改写为：＿＿＿＿＿＿＿＿＿＿＿＿＿＿＿＿＿＿＿＿＿＿＿＿＿＿＿＿＿＿

7. 这次旅行，我看到了听到了很多新鲜事。

改写为：＿＿＿＿＿＿＿＿＿＿＿＿＿＿＿＿＿＿＿＿＿＿＿＿＿＿＿＿＿＿

8. 我们被她的热情影响和感动了，都跟着她一起唱了起来。

改写为：＿＿＿＿＿＿＿＿＿＿＿＿＿＿＿＿＿＿＿＿＿＿＿＿＿＿＿＿＿＿

六、连词成句

1. 微信　逐渐　生活　的　改变　正　人们

____

2. 公司　雇员　的　中国　需要　了解　正好　文化　这个

____

3. 做　错误　了　要　承认　错　事　勇于

____

4. 被　发生　我　情况　惊慌失措　的　突然　吓得

____

5. 面对面　他们　机会　越来越少　进行　之间　交流　的

____

6. 问题　过度　的　严重　父母　带来　依赖　会　孩子

____

7. 困难　见多识广　什么　没　老王　见过

____

8. 精神　上课　提不起来　总也　最近　她　时

____

七、熟练背诵下列语段

1. 确实，大部分毕业生谈到就业就唉声叹气，可是厦门大学的李豫晨却在国外找到一份不错的工作——新加坡机场地勤客服长官。更神奇的是，这个工作可以说是“捡”来的。

2. 她并没有惊慌失措，而是想起了刚学过的课程：“要勇于打破自己的‘舒适区’，不用害怕别人的眼光。”

3. 远行归来，她发现自己变了，变得不再内向，不再犹豫，不再迷失方向；变得心态平和，变得眼界开阔，对待困难和危险是那么淡定，以至于可以笑着面对它们。

4. 找工作并不难，就看你胆子够不够大，敢不敢闯荡人生，有没有丰富的阅历，有没有独立的见解。

八、阅读理解

你在大数据(jù)面前已经“一丝(sī)不挂(guà)”

某比萨店的电话铃响了，客服人员拿起电话。

客服：×××比萨店。您好，请问有什么需要我为您服务的？

顾客：你好，我想要一份……

客服：先生，麻烦告诉我您的会员卡号。

顾客：×××××××××××××。

客服：陈先生，您好！您是住在泉(quán)州(zhōu)路一号12楼1205室，您家电话是×××××××，您公司电话是×××××××，您的手机号码是×××××××××××。请问您想用哪一个电话付费？

顾客：你怎么知道我所有的联系方式？

客服：陈先生，因为我们的网络连接到CRM卫星系统。

顾客：我想要一个海鲜比萨……

客服：陈先生，海鲜比萨不适合您。

顾客：为什么？

客服：根据您的医疗记录，你的血(xuè)压(yā)和胆(dǎn)固(gù)醇(chún)都偏高。

顾客：那你们有什么可以推荐的？

客服：您可以试试我们的低脂健康比萨。

顾客：你怎么知道我会喜欢吃这种？

客服：您上星期一在中央图书馆借了一本《低脂健康食谱》。

顾客：呃……好。那我要一个家庭特大号比萨，多少钱？

客服：99元，这个足够您一家六口吃了。但您母亲应该少吃，系统显示她上个月刚刚做了心脏搭桥手术，还处在恢复期。

顾客：啊？这你也知道！……可以刷卡吗？

客服：陈先生，对不起。请您付现金，因为您的信用卡已经刷爆了，您现在还欠银行4 807元，而且还不包括房贷(dài)利息。

顾客：那我先去附近的提款机提款。

客服：陈先生，根据您的记录，您已经超过今天的提款限额(é)。

顾客：算了，你们直接把比萨送我家吧，家里有现金。你们多久可以送到？

客服：大约30分钟。如果您不想等，可以自己骑车来取。

顾客：为什么？

客服：根据我们全球定位系统的车辆行驶自动跟踪(zōng)系统记录，您登记有一辆车号为SB－748的摩托车，而您现在正在解放东路华联商场右侧骑着这辆摩托，离我们这里只有三分钟的路程。

顾客当即晕(yūn)倒……

（根据《重庆商报》2014年9月15日同名文章改编）

根据文章内容回答下列问题：

1. 客服为什么知道陈先生的多个电话号码？
2. 海鲜比萨为什么不适合陈先生？客服是怎么知道的？
3. 客服推荐的是什么比萨？为什么这么推荐？
4. 陈先生的母亲能吃比萨吗？为什么？
5. 客服建议陈先生怎么付款？为什么？
6. 陈先生为什么“当即晕倒”？
7. 题目“你在大数据面前已经‘一丝不挂’”是什么意思？

九、调查分析

根据阅读理解文章的内容和现实生活，就“大数据时代的信息安全”谈一谈网络和大数据给人们的生活带来的“便”与“不便”。分小组讨论，每一位同学总结小组讨论结果并报告，将报告录音。可以参考下面的报告模式：

小组报告

各位同学：

大家好！

关于____________________问题，我们小组进行了____________的讨论，一共有以下_____种观点：

第一种看法是：____。

这是由于____

____。

第二种看法是____

____。

原因是____

____。

第三种观点是____。

理由是____

____。

我们小组有______位同学持第一种看法；有______位同学持第二种观点；有______位同学赞成第三种观点。我个人赞成________________，因为我觉得____。

我认为____，

因为____，

____。

我的报告结束了，谢谢大家！

十、趣味汉语

猜一猜下面这几个字是什么字？它本来的意思是什么？

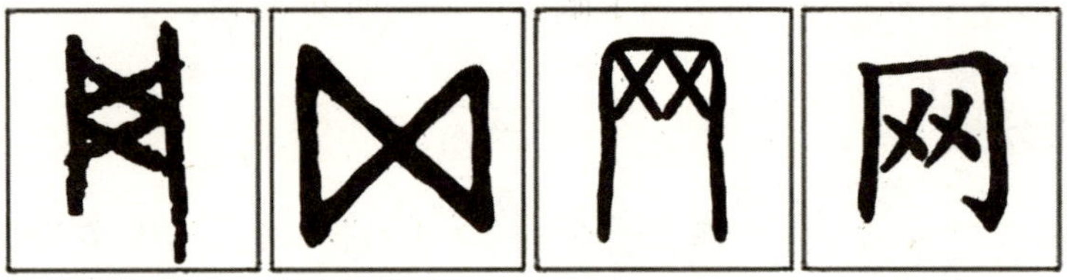

甲骨文　　金文　　小篆　　楷体

请看下面这首诗：

生活

网

这是诗人北岛的一首诗，也是他最短的一首诗。你觉得怎么样？

第十课

课前准备

1. 请说一说你印象最深刻的一位老师。
2. 你觉得怎么样才能成为一名好老师？

课文

王几何

从小学跨[1]进初中校园，一切都是新鲜的，特别是那门全新的功课——几何。所以，上第一节几何课时，大家都睁圆了眼睛，认真而安静地坐着，心中充满了好奇和渴望[2]。

几何老师会是怎样的一个人呢？

铃声一响，全班42双眼睛一起望向教室门。踏[3]着铃声，一个方头大耳、矮胖结实[4]的中年人夹着一本厚书、一个大圆规和一个大三角板挤进门，快步走上了讲台。教室里安静极了，大家都目不转睛[5]地注视[6]着讲台上的中年人。

圆规：一种可以画圆的工具。

可是，一分钟过去了，老师一句话不说，只是站在讲台上微笑。眉梢（méi shāo）、眼角、鼻子、嘴巴，可以说，他脸上的每一个部分，甚至每一条皱纹，都在微笑！

眉梢：眉毛的末端。

矮胖老师足足[7]笑了两分钟。

聋哑：耳朵听不见声音，不能说话。

他该不是聋哑(lóng yǎ)学校的老师吧？全班同学再也忍不住了，大家挤眉弄眼[8]、面面相觑，最后一齐[9]哄堂大笑[10]起来！

形容词 + 下来：表示某一状态开始并持续。例：天渐渐黑了下来。

这时，老师却渐渐收起了笑容，用黑板刷轻轻敲击[11]着讲台。待全班同学安静下来，他突然反手[12]在背后的黑板上画了一个篮球大的圆，紧接着，又反手画了一个等边三角形。

恐怕：（副词）估计，大概。例：今天~要下大雨。

黑板上的圆和等边三角形又标准又好看，所有同学都惊呆了。大家都暗暗地想：用圆规和三角板画，恐怕也不过如此[13]吧？

公分：厘米（cm）。

老师站在讲台上，双目含笑[14]，右嘴角微微斜[15]翘[16]。待全班42双眼睛惊讶[17]得每一双都放大半公分后，他突然转过身去，面向[18]黑板，挥手[19]写下了三个大字：王玉琳。

大名：某人的正式名字。

“这就是我的大名！”他说，声音特别地洪亮[20]。

屏息：忍住呼吸。

全班同学都被他那金属般的声音镇住[21]了，一个个睁大双眼，屏息(bǐng xī)静听。

绰号：外号。

“承蒙[22]上几届[23]的同学的特别关爱[24]，私下[25]里给本人[26]取了个绰(chuò)号。”老师慢慢转过身去，挥手又在黑板上潇洒[27]地写了三个大字：王几何。

还有把自己绰号告诉学生的老师？真是太幽默了！全班学生又哄堂大笑。

以：连词，表示目的。例：本市将增加三条地铁线，~满足市民出行需求。

老师继续用黑板刷轻敲课桌，以镇住教室里的吵闹[28]声。“上几届有的同学说：‘王老师你画的那圆圈有什么了不起？我们也会画！’现在，我就请同学们一个个上台来，用不着反手，只要正面[29]徒手[30]画圆和三角形……”

如此喜剧的事大家岂肯[31]放过？转眼间，只见同学们轮番[32]走上讲台。

可是，大家哪里是在画圆和三角形？同学们一个个笨手笨脚[33]，画出来的全是像鸡蛋、鸭蛋、苹果、梨一样丑陋[34]的圆和三角形！

台上画的笑，台下看的也在笑，大家都笑得捂[35]着肚子，直不起身。这是大家在课堂上笑得最得意忘形[36]、最舒畅、最厉害的一次。

几何老师在同学们快乐的大笑中，结束了第一堂课："请注意，我并不是要大家死板[37]地学我画圆、画三角形。我教了20多年几何，是一个一辈子热爱[38]几何教学的教书匠（jiàng）。我反手画圆，是想向大家说明一个简单朴素的道理——只要功夫深，铁杵磨成针……"

王老师说这些话时，脸上竟没有一丝[39]笑容，严肃得让人有些害怕。一时间满教室鸦雀无声[40]。

这堂[41]生动、特别的几何课让42个学生一辈子铭记在心[42]，大家会永远记得，在他们的中学时代有一位业务水平极高、幽默[43]风趣[44]的老师——王几何。

教书匠：指教师（有嘲笑的意思）。

只要功夫深，铁杵磨成针：比喻只要有决心，肯下功夫，多么难的事也能做成功。

（作者：马及时，人教版初中《语文》第七册上《王几何》，略有删改）

生词

跨[1]	kuà	动	抬起一只脚迈出一大步。 例：前脚刚～进大门，上课铃就响了。
渴望[2]	kěwàng	动	非常希望。例：我们都～能尽快见到他。
踏[3]	tà	动	踩。例：一脚～空了，差点儿摔倒。
结实[4]	jiē · shi	形	健壮。例：他长得很～。
目不转睛[5]	mùbùzhuǎnjīng		眼珠子一动不动地盯着看，形容注意力集中。
注视[6]	zhùshì	动	注意地看。例：他目不转睛地～着窗外。
足足[7]	zúzú	副	不少于。例：他～干了两个小时才弄完。
挤眉弄眼[8]	jǐméi－nòngyǎn		用眼睛、眉毛示意。 例：几个人都对他～，叫他别说话。

一齐[9]	yīqí	副	同时；一起。 例：大家～祝福他："生日快乐！"
哄堂大笑[10]	hōngtáng－dàxiào		形容满屋子的人同时大笑。
敲击[11]	qiāojī	动	敲打；击打。
反手[12]	fǎnshǒu	动	反过手来；把手放到背后。
不过如此[13]	bùguòrúcǐ		只是这样，并不怎么突出。例：幸福～。
含笑[14]	hánxiào	动	面带笑容。
斜[15]	xié	形	不正。例：～线　～对面是学校。
翘[16]	qiào	动	举起，抬起，向上；平直的东西变得不再平直。
惊讶[17]	jīngyà	形	因为没想到或没理解而感到特别奇怪。 例：十分～　～得不敢相信自己的眼睛
面向[18]	miànxiàng	动	面对；站着或坐着朝向。例：他～窗户站着。
挥手[19]	huīshǒu	动	挥动手臂或手中拿着的东西表示信号、问候或致敬。
洪亮[20]	hóngliàng	形	声音大；响亮。例：～的回声　嗓音～
镇住[21]	zhènzhù	动	（用言语或行动）使对方害怕；压制；使安定。 例：刚才他们还在吵闹，他一声大喊，就把他们～了，屋子里马上安静下来。
承蒙[22]	chéngméng	动	敬辞，表示心怀感激地接受。
届[23]	jiè	名	例：你是哪一～的毕业生？
关爱[24]	guān'ài	动	关心、爱护。例：～学生　～儿童　～老人
私下[25]	sīxià	名	也说"私下里"，背地里。 例：我当众表扬他，～批评他。
本人[26]	běnrén	代	自称，指说话人自己。
潇洒[27]	xiāosǎ	形	自然大方，不拘束。例：他一生都潇潇洒洒的。
吵闹[28]	chǎonào	动	不安静。例：大声～
正面[29]	zhèngmiàn	名	与侧面、背面、反面相对。
徒手[30]	túshǒu	动	空手，没有任何器械或工具辅助。
岂肯[31]	qǐkěn	副	怎么肯，用反问的语气表示"不肯"。 例：不到比赛结束，他们～认输？
轮番[32]	lúnfān	副	不断重复、一次又一次。例：同学们～上台表演。

笨手笨脚[33]	bènshǒu – bènjiǎo		动作不灵敏。
丑陋[34]	chǒulòu	形	很难看。例：外表～的人不一定心眼不好。 【反】美好
捂[35]	wǔ	动	例：他～脸偷笑。
得意忘形[36]	déyì – wàngxíng		形容高兴得失去了常态。
死板[37]	sǐbǎn	形	（人）做事不灵活，较真，认死理。 【反】灵活
热爱[38]	rè'ài	动	例：～祖国　～家乡　～自己的专业
丝[39]	sī	量	形容极小或很少，一点儿。 例：他脸上露出一～笑容。
鸦雀无声[40]	yāquè – wúshēng		连乌鸦麻雀的声音都没有，形容非常静。
堂[41]	táng	量	用于分节的课程，一节叫一堂。例：两～课
铭记在心[42]	míngjìzàixīn		深深地记在心里。
幽默[43]	yōumò	形	例：他说话很～。
风趣[44]	fēngqù	名	（多指话或文章）幽默或诙谐的趣味。 例：他这个人很～。

谈一谈

1. 第一节课开始时，大家是什么心情？
2. 王几何的外貌有什么特点？
3. 王几何还有哪些特点或特征？
4. 王几何对学生给自己取外号是什么态度？
5. 王几何是怎么镇住学生的？
6. 王几何为什么让学生上黑板徒手画三角形和圆？
7. 王几何跟大家讲了一个什么道理？是怎么讲的？
8. 本文运用了哪些表达手法描写王几何？

阅读课文

雪中小卓玛

玉树大地震后的第七个早晨，我从震中结古镇，驱车赶往西宁。忽然发现前面路边站着一个藏族小姑娘，双手捧着一个奖状大小的纸板，上面歪歪扭扭(wāi wāi niǔ niǔ)却又清清楚楚地写着两个大字："谢谢！"

四周是茫茫[1]的雪山，根本看不到村庄的影子，她是从哪里来的呢？

停下车，我走过去，拉住她的手，轻轻掸(dǎn)去她头上的雪花。这个在风雪中瑟瑟(sè sè)发抖的小姑娘，约有五六岁的样子，蓬(péng)乱的头发，瘦瘦的小脸上有典型[2]的高原红，额头上还凸(tū)起一道长长的结痂(jiā)的伤痕[3]。"你是哪个村庄的？""谢谢！""上学了没有？""谢谢！""你叫什么名字？""谢谢！"

我有些纳闷了，又问她这次地震中家里的情况。她似乎没有听懂，圆睁着大大的眼睛看着我，嘴里仍是在重复着那两个字。我猛然[4]明白，这里是藏族牧(mù)区，她还没有上学，自然听不懂汉语。

这么冷的天，是谁让她来的呢？震中周围的房屋几乎全部倒塌(dǎo tā)了，伤亡惨重[5]。她的家中，她的小村灾情如何呢？这个小姑娘，是不是想用这种方式，希求援助[6]呢？但我马上否定了自己。地震之后，难民们在最短的时间内都得到了政府救济[7]，逝者安葬(zàng)，伤者就医，失居者也都有了帐篷(zhàng péng)，有了粮食和水。灾区已经安定下来。

地震：例：~了；发生~的时候千万别慌！

歪歪扭扭：歪斜不正。

掸：轻轻去掉。

瑟瑟：形容颤抖。

凸起：鼓出来。凸：高于周围，跟"凹"相对。

倒塌：指建筑物墙壁倾倒，塌落下来。

动词+者：表示"动词+的人"。例：失踪~；消费~；作~；读~

安葬：埋葬（带有敬重的感情）。

我决定把车上的食品送给她和她的家人一些。那是从城里买来的一些奶制品和肉制品，花花绿绿，包装精致[8]。她眼光一亮，旋即（xuán jí）又摇了摇头，小手也在摇动[9]着。

旋即：不久；一会儿；马上；立即。

我坚持塞给她。她迟疑了一下，只拿了一块巧克力。接着，恭恭敬敬地冲着我，鞠了一个躬（jū gōng），再次清晰地说出了那两个字："谢谢！"然后，她细心地把巧克力塞进贴身的兜兜里。

迟疑：犹豫；拿不定主意。

做完这一切，她又用双手托起了那块宝贝纸板，高高地抱在胸前，遮住了自己的半张脸，只露出两只大大的眼睛，像青海湖一般清澈（chè）和镇静[10]。虽然我不知道在这个孩子身上发生了什么，灾难已经过去，作为一个小小的亲历者，她只是要用自己的方式，表达一种心底里难以[11]言说的感激。

清澈：清而透明，多用于书面语。

从她的脸上，我看到了一种与年龄并不相符的成熟！我们城市里的五六岁的孩子，在这样的冰雪天气里，会干什么呢？或许正依偎（wēi）在妈妈怀里睡觉呢？或许正在暖意盈盈（yíng yíng）的房间里玩游戏吧？哦，亲爱的孩子们，你们理解人生的艰难吗？你们品尝过感恩的味道吗？

依偎：亲热地紧靠着；紧挨着。

这个青藏高原上的楚楚（chǔ chǔ）可怜的藏族小姑娘，她才五六岁，通过这一场灾难，却已经开始真切[12]地感觉到了这一切。

孩子，我不知道你的名字，且按藏族人的习俗，称呼[13]你小卓玛吧。我也不了解发生在你身上的故事，但我理解和明白你的心事。

今天，太冷了，雪太大了，你还是回家去吧。我再三地劝她。这个小卓玛，却像巴颜喀拉山一样坚定[14]和倔（jué）

倔强：固执，不听别人的劝。

心窝：心口的部位。

篝火：燃烧的火堆。

jiàng
强，她虽然明白了我的好意，但再一次摇了摇头，用手指了指纸板上的那两个字，指了指远方，又指了指自己的心窝（wō）。

哦，可爱的孩子，可爱的小卓玛，我的眼中热热的，情不自禁地双手抱拳，面对着她，深鞠一躬，并模仿[15]着她的语气，说了一声："谢谢！"

车走远了，雪中小卓玛的身影，像一团亮红的篝（gōu）火，在我的心底燃烧着。

（选自2010年4月28日《人民日报》，略有删改）

生词

茫茫[1]	mángmáng	形	没有边际，看不清楚（多形容水）。
			例：～大海　前途～
典型[2]	diǎnxíng	名	具有代表性的人或事。
		形	有代表性的。
伤痕[3]	shānghén	名	伤疤，物体受损害后留下的痕迹。
猛然[4]	měngrán	形	忽然、突然。例：～回头
惨重[5]	cǎnzhòng	形	十分严重。用以形容损失、伤亡等。
援助[6]	yuánzhù	动	帮助（有困难的人或团体）。例：～灾区　大力～
		名	例：～金
救济[7]	jiùjì	动	用钱和物帮助生活有困难的人。
			例：～灾民　～生活贫困的孩子
精致[8]	jīngzhì	形	精巧细致。
			【近】精美
摇动[9]	yáodòng	动	摇东西使它动。例：摇得动　摇不动　～身体
镇静[10]	zhènjìng	形	情绪（心情）稳定或平静。
			例：他遇事不慌不忙，非常～。
难以[11]	nányǐ	副	不容易（去做某事）。例：～接受　～拒绝

			你说的这件事，真的让人～相信。
真切[12]	zhēnqiè	形	清楚确实，一点儿不模糊。例：看得～　听得～
称呼[13]	chēng・hu	动	叫。例：你说我该怎么～她？
		名	表示彼此关系的名称。
坚定[14]	jiāndìng	形	（立场、意志、态度）稳定，坚强不动摇。例：态度～　立场～　～的意志　他～地站在她这边。
模仿[15]	mófǎng	动	照着样子学着做。例：他喜欢～小鸟的叫声。

词语辨析

1. 渴望　盼望　希望

相同：

都表示心里要达到某种目的或希望出现某种情况。带动词性宾语时，可以互换，但意思不同。请比较：

例：他渴望上大学。（十分迫切地想上大学）

他盼望上大学。（很想能早点上大学）

他希望上大学。（只是表达想上大学的愿望）

不同：

（1）“渴望”是迫切的愿望，是眼前自己所需要的；“盼望”有等待的意思，一般用于需要等待的事情；“希望”的内容广得多，可以是心里的任何一种愿望、要求。“渴望”的事都跟自己有关，“盼望”“希望”的事可以是自己的，也可以是别人的事。

例：孩子渴望得到母爱。（希望；×盼望）

母亲盼望孩子能早日回家。（希望；×渴望）

我希望未来的世界没有战争，只有和平。（×盼望；×渴望）

我希望你将来能成为一名优秀的教师！（×盼望；×渴望）

（2）“渴望”和“盼望”后面都可以带名词，如“渴望成功/知识/友谊/健康，盼望自由/幸福/春天”。“希望”一般带动词或句子，如“希望你一切顺利！”

（3）“盼望”“渴望”后面可以跟“着”，“盼望”后面可以跟“了”，“希望”没有这样的用法。

例：在内心深处，她还是渴望爱情的。（×盼望；×希望）

这里的居民都盼望着尽快解决环境污染问题。（×渴望；×希望）

快过年了，爸爸妈妈都盼望着我回家。（×渴望；×希望）

生日那天我收到了一份盼望了很久的礼物。（×渴望；×希望）

练习：

（1）我(　　)能早日和你见面！

（2）病中的他是多么(　　)健康啊！

（3）老师们(　　)你能取得更好的成绩！

（4）他天天(　　)着赶快毕业，参加工作，回报父母。

2. 一齐　一起

相同：

都表示两个或两个以上的人行动一致，都可以在动词前，作状语。

例：我们一起出发去机场吧！（一齐）

3 号和 4 号一齐跑到终点。（一起）

不同：

意思有一些不同。“一齐”表示多人同时做某个动作，如“一齐鼓掌”，强调时间，有“同时、一同”的意思。“一起”表示同一个地方，如“坐在一起”，强调空间，既表示动作在同一处所，也可以表示同时，还可以放在“在”的后面。

例：我们一起看电视，一起聊天，一起逛街。（×一齐）

我和他在一起三年了。（×一齐）

想和做是联系在一起的。（×一齐）

六一期间各大公园一齐向儿童免费开放。（×一起）

搭配：

一齐——～鼓掌/～欢呼/～回答

一起——～鼓掌/～欢呼/～回答/住在～/生活在～/～工作/～学习

练习：

（1）我们从小(　　)长大，(　　)上学。

（2）合影时，请大家(　　)喊：“茄子！”

（3）昨天他和我(　　)在图书馆看书。

（4）行李和人是(　　)到的，不可能不见的。

3. 精致　精美

相同：

搭配情况一致。

不同：

“精致”指精巧细致，“精美”指精致美好。另外，“精致”还有“有情趣”的意思。“精致”形容做工，“精美”形容外观。所以，只能说“做工精致”。

搭配：

精致——很/非常~的工艺品/花纹/瓷器包装~/做得很~

精美——很/非常~的工艺品/花纹/瓷器包装~/做得很~

练习：

(1) 这件旗袍用料讲究，做工(　　)。

(2) 其实，看起来(　　)的食品，营养未必丰富。

(3) 她极其讲究，过着(　　)的生活。

(4) 桌上铺着雪白的台布，摆着(　　)的盘子和碗。

(5) 这篇文章中，这几句写得最(　　)。

(6) 中国(　　)的丝织品在国际上很受欢迎。

段落训练

1. 描写人物的方法一般有四种：外貌、动作、语言、心理。试着找出课文当中采用这些方法的句子，抄写在下面。

(1) 外貌描写：________________

(2) 动作描写：________________

(3) 语言描写：________________

(4) 心理描写：________________

2. 运用人物描写的一种或几种方法（动作、语言、心理、外貌描写），刻画班上的某个同学；然后，请大家猜一猜写的是谁；最后，集体评价一下写得如何。

____

____

____

____

____

文化点滴

尊师重道

尊敬老师、尊重老师自古以来都是中华文化的优秀传统。

古人说："天地君亲师。"老师，排在父母双亲之后。一日为师，终身为父；"师父"，就是说"老师就像父亲一样"重要。

老师为什么这么重要？因为一个人的成长，不只是吃饭穿衣这么简单，还要增长知识、掌握本领、明白道理。师者，传道、授业、解惑也。老师不光教给学生知识、释疑解惑，更关键的是还能为学生启发智慧，传授人生之道。所以说，老师，无疑是一个人成长道路上最重要的引路人。

做老师不仅需要知识过人，还应该为人师表，各个方面都能做弟子的表率和榜样。孔子是最伟大的老师，培养出众多的人才，"桃李满天下"。据说孔子有三千弟子，贤者七十二，这还不算后世那些千千万万以孔子为师的儒家弟子。因此，自汉代开始，孔子被尊奉为万世师表。

对老师的尊重一直延续到现在。现在每年的九月十号，是中国的教师节。

经典诵读

chuán shòu huò

1. 师者，所以传道、授业、解惑也。（韩愈《师说》）

译：老师，是用来传播道理、讲授知识、解释疑问的。这句话道出了教师的使命和责任。

huāng xī huǐ

2. 业精于勤荒于嬉，行成于思而毁于随。（韩愈《进学解》）

译：学业的精进在于勤奋，人的行为举动因为思考才形成，而它却消失在懒惰、不思考、随随便便当中。简单地说，就是做人要勤奋，做事要三思。

练习

一、朗读

一个个睁大双眼	双目含笑
一个个笨手笨脚	脸上没有一丝笑容
足足笑了两分钟	笑得捂着肚子，直不起身。
渐渐收起了笑容	严肃得让人有些害怕
声音特别地洪亮	一辈子热爱几何教学
台上画的笑，台下看的也在笑	一辈子铭记在心
夹着一本厚书	踏着铃声走进教室
戴着一副黑框眼镜	睁着一双大大的眼睛

二、请在括号里填上合适的字

渴望(　　)(　　)	关爱(　　)(　　)	热爱(　　)(　　)
(　　)(　　)洪亮	坚定(　　)(　　)	救济(　　)(　　)
轮番(　　)(　　)	(　　)(　　)风趣	精致(　　)(　　)
惊讶(　　)(　　)	岂肯(　　)(　　)	难以(　　)(　　)

三、填字构成短语，再将短语填在横线中

一脸惊(　　)　声音洪(　　)　心情(　　)畅　一丝得(　　)

(　　)着肚子　笨手笨(　　)　双目(　　)笑　(　　)蒙关照

(　　)手告别

1. 他看到自己就要成功，脸上露出____________。
2. 不知为什么今天早上他老是____________，一脸痛苦的样子。
3. 假期结束了，又该跟家人____________。
4. 每一次听到如此优美的音乐，就会__________，烦恼全忘光。
5. 看你____________的样子，还是让我来吧！
6. 大家看着平时不学习的他最先交卷，____________。
7. ____________，小店的生意还不错。
8. 爷爷依然身体健康，____________，思路清晰。
9. 李阿姨看人时总是____________，很有亲切感。

四、完成句子

1. 王老师对学生非常严厉，________________。（私下）
2. 政府决定在此修建一条铁路，________________。（以……）
3. 老教师也要不断学习新知识，________________。（以……）
4. 大学生活多么宝贵，________________。（岂能）
5. 经过一段时间的节食和运动，________________。（……下来）
6. 你现在才出发，________________。（恐怕）
7. 这么晚才回来，________________。（恐怕）
8. ________________：“我一定要学好汉语，让你们刮目相看！”（暗暗）

五、完成对话

1. A：咱们再玩一会儿吧！好不好？
   B：你看，________________，咱们该回去了！（……下来）
2. A：明天陪我去一趟医院，可以吗？
   B：________________。（恐怕）
3. A：你知道那些山区孩子最大的愿望是什么吗？
   B：________________。（渴望）
4. A：你会参加假期的中国寻根之旅冬令营吗？
   B：________________？（岂能）
5. A：你们做老师的应该很轻松吧？
   B：白天要上课，晚上得备课，________________。（甚至）
6. A：你们一周要上多少课？
   B：________________。（堂）
7 A：喂，是中国银行吗？我的银行卡丢了，我该怎么办呢？
   B：你可以________________。（本人）
8. A：请问，你对你所学的专业是个什么样的态度？
   B：________________。（热爱）

六、选用下面的词语改写句子，要求保持句子意思不变

得意忘形　目不转睛　面面相觑　轮番

不过如此　铭记在心　鸦雀无声　难以

1．观众眼睛一动不动地盯着舞台上的精彩表演。

改写成：________________

2．这家餐厅也不怎么样，没你说的那么好吃。

改写成：________________

3．失败时不应悲观难受，成功时也不必高兴得忘记自己是谁。

改写成：________________

4．老师对我说的这番话我会一辈子牢牢记在心底。

改写成：________________

5．同学们一个接一个上台发表演讲。

改写成：________________

6．陈冲能取得第一名真的让人很难相信。

改写成：________________

7．大家你看看我我看看你，都不知道发生了什么事儿。

改写成：________________

8．同学们都在自习，教室里安静极了。

改写成：________________

七、熟练背诵下列语段

1．踏着铃声，一个方头大耳、矮胖结实的中年人夹着一本厚书、一个大圆规和一个大三角板挤进门，快步走上了讲台。

2．这时，矮胖老师却渐渐收起了笑容，用黑板刷轻轻敲击着讲台。待全班同学安静下来，他突然反手在背后的黑板上画了一个篮球大的圆，紧接着，又反手画了一个等边三角形。

3．这个在风雪中瑟瑟发抖的小姑娘，约有五六岁的样子，蓬乱的头发，瘦瘦的小脸上有典型的高原红，额头上还凸起一道长长的结痂的伤痕。

八、阅读理解

问题妹妹

我的妹妹小不点一个，可是她脑子里装满了全世界所有穷极无聊的问题。别看她乖乖地坐在那里，眼睛骨碌(gū lū)骨碌地转，一旦被她缠上，保证没完没了。

“吃完饭为什么要洗碗？”通常她的问题都不太像问题，可是别掉以轻心，因为一不小心就会掉进陷阱(xiàn jǐng)里去。

“当然要洗碗，这样碗筷才会干净啊。”

“可是我们吃第一碗饭，再盛第二碗时并不需要洗碗。”

“那当然不用洗。”

“如果我们午餐只吃两碗，那么晚餐盛第三碗时，为什么要洗呢？”

“这，这……是因为，嗯。”好了，现在问题越发不可收拾，“嗯，因为第二碗和第三碗之间隔太久了，会长细菌(jūn)出来，吃了细菌以后会肚子痛。”

一听到细菌，她的眼睛立刻闪烁出一种捕获猎(bǔ huò liè)物的光芒，“为什么时间久了就会长出细菌呢？”

“因为，细菌会繁……繁殖(fán zhí)。”天哪，一不小心又说了一个专有名词。

“什么叫繁殖呀？”果然没错，被妹妹缠(chán)上来了。

“繁殖就是生孩子，像妈妈生你，就是繁殖。”

“哥，你说我会不会繁殖？”

“会。”妈呀，这是什么问题？

“那我要怎么繁殖？”

“等你长大以后。”

“你是说我长大以后会自动繁殖，和细菌一样？”

这时我再也不知如何解答了，忽然心生一计，立刻捂住胸口，准备装死。

“哥，你怎么了？”显然，我的妙计生效了。

“不要打扰我，我要‘死掉’了……”我装出痛苦的样子，趴倒在床上。

妹妹在我身上摇晃(huàng)半天，走开了。正在庆幸的时候，她忽然又走回来了，开口就问：“哥，你到底要‘死’多久？”

天哪！我睁开一只眼睛，调皮地看着她，“拜托，让我‘死’一个小时，可不可以？”

她似乎很尊重我的决定，自顾离开房间到客厅去弹钢琴，弹了一首悲伤的曲子。

没多久，她咚咚咚跑过来问："哥，你还要'死'多久？"当她跑来问第五次时，才过了十五分钟而已。我已经受不了了，只好"活"过来。"拜托，我怕你，好不好？随便你想做什么都可以，只要你不再问问题。"

"那我要吃冰淇淋。"她显然对自己的胜利十分骄傲。

于是我们出门去买冰淇淋。她一口一口舔(tiǎn)着冰淇淋，露出满足的神情。等把冰淇淋吃光，她又开始兴致勃勃(xìng zhì bó bó)地东张西望了。我知道她一定又有一肚子无聊问题要问。

"好了，这次是什么问题？"其实问问题也不是什么坏事，我安慰自己。

"我想去找祖母。"

"祖母？"我大吃一惊。

"她已经死了那么久，我想我们应该去把她叫起来了。"妹妹一脸正经地问，"好不好，哥？"

天呐！我的问题妹妹真是个超级大麻烦！

（作者：侯文咏，《读者》2010年第14期，略有删改）

根据文章内容回答下列问题：

1. 人们吃完饭为什么要洗碗？
2. 妹妹会不会像细菌一样自己繁殖？
3. 哥哥为什么说自己要"死掉"了？
4. 妹妹为什么要去找祖母？
5. 为什么哥哥说妹妹是一个超级大麻烦？

九、短文写作

走出课堂，观察、访问某一职业的人群，如小贩、服务员、快递员、收银员、保洁员、交警、司机、理发师、保安、老板等，并写出他的故事。要求使用人物描写的方法，有故事、有情节，不少于600字。

十、趣味汉语

说一说，演一演，写一写。说一说下面的三字词是用来描写人物的什么特点的，然后请同学用哑剧的形式表演出来，最后把它们的意思写在后面。

1. 夜猫子＿＿＿＿＿＿＿＿＿＿＿＿＿＿＿＿＿＿＿＿＿＿＿＿＿＿＿＿＿＿＿
2. 老黄牛＿＿＿＿＿＿＿＿＿＿＿＿＿＿＿＿＿＿＿＿＿＿＿＿＿＿＿＿＿＿＿
3. 笑面虎＿＿＿＿＿＿＿＿＿＿＿＿＿＿＿＿＿＿＿＿＿＿＿＿＿＿＿＿＿＿＿
4. 纸老虎＿＿＿＿＿＿＿＿＿＿＿＿＿＿＿＿＿＿＿＿＿＿＿＿＿＿＿＿＿＿＿
5. 铁公鸡＿＿＿＿＿＿＿＿＿＿＿＿＿＿＿＿＿＿＿＿＿＿＿＿＿＿＿＿＿＿＿
6. 落汤鸡＿＿＿＿＿＿＿＿＿＿＿＿＿＿＿＿＿＿＿＿＿＿＿＿＿＿＿＿＿＿＿

第十一课

课前准备

1. 如果你有1亿元，你打算怎么用?
2. 在班上开展一次模拟募捐，然后请同学发表看法。

课文

“华侨旗帜”——陈嘉庚

到过厦门的人，几乎没有不知道集美学校和厦门大学的。这不仅仅是因为那里景色怡人，是当地著名的旅游景点，更主要的还在于[1]，它们都跟一位被誉为“华侨旗帜”的陈嘉庚先生密不可分[2]。

陈嘉庚1874年出生于福建省厦门市集美镇。17岁时，他跟随父亲漂洋过海，到了新加坡，开始学习做生意、办工厂。凭[3]着他辛勤[4]的工作和诚信[5]的经营[6]，生意

怡人：欢畅、舒心的样子。

被誉为：被称赞为。例：香港被~为东方之珠。

旗帜：比喻榜样或模范。

渐渐兴隆起来。到了30岁时，陈嘉庚就已经成为东南亚鼎鼎大名[7]的“橡胶大王”。但是，远在异乡的他，却时时想念[8]着自己的家乡。

形容词＋起来：表示状态开始，程度渐渐加深。例：他一喝酒，话就多起来了。

几年后，陈嘉庚回到了集美镇。故乡的山，故乡的水，在他看来，一切都是那么亲切。沿着熟悉的巷子[9]，他一边慢慢地走着，一边看着镇里的变化。

当走过小时候念书的私塾（shú）时，他发现都已经关闭[10]了。一打听[11]，原来是镇里穷，很多孩子交不起学费，私塾办不下去了。陈嘉庚心里很着急，他想：孩子是祖国的未来[12]，要是上不了学，那怎么行呢？

私塾：旧时家庭、宗族或教师自己设立的教学场所。

动词＋下去：表示动作继续进行，从现在持续到将来。例：你一定要坚持下去。

回到家里，他拿出自己的积蓄[13]，对妻子说：“我想用这些钱办一所学校。我们自己有吃有穿就行了，有钱多花，没钱少花。”

“这些钱是你辛辛苦苦挣来的呀！怎么能就这样用掉呢？”妻子有些犹豫。

“钱花掉可以再挣，孩子们的学习耽误[14]了，可就再也补不回来了！”在陈嘉庚的耐心劝说[15]下，妻子终于同意了。

学校办起来了，孩子们琅琅（láng láng）的读书声又响起来了。陈嘉庚特别喜欢到学校走走。每次到学校，他总要在教室边站一会儿，静静地聆听[16]，仿佛[17]在欣赏美妙的音乐。

琅琅：比喻响亮的读书声。

从此，陈嘉庚一边在海外打理[18]生意，一边把赚来的钱源源不断[19]地寄回家乡，兴办[20]学校。他在集美镇先后办起了小学、中学、师范学校，还办起了水产学校、航海学校、农林学校、商科学校……统称[21]集美学校。

师范学校：培养教师的学校。

农林：农业和林业。

1921年，他又用自己的全部积蓄，创办[22]了福建省第一所大学——厦门大学。这时的陈嘉庚已年近半百，两鬓斑白（bìn bān）。他常常对人们说：“要想让祖国立足[23]于世界，就必须从兴办教育开始。”

半百：五十岁。

两鬓斑白：两边鬓角头发花白。

后来世界经济不景气[24]，严重打击[25]了华侨企业。面对艰难境遇[26]，陈嘉庚态度坚定地说："宁可变卖[27]自己的产业，也要支持厦大。"他把自己的三座大楼卖了，作为维持厦大的经费[28]。在他的影响下，许多华侨纷纷解囊[29]，有钱出钱，有力出力。

陈嘉庚为集美和厦门大学兴建[30]了数十座雄伟的高楼，自己却住在一栋[31]简朴[32]的小楼里，只有矮矮的两层，既小又暗，但他毫不在乎[33]。他的生活朴素节俭[34]，毫不奢侈[35]。家具都是旧得不能再旧的，他的外衣、裤子甚至用的伞都是补了又补，以至[36]身边的人常常笑他对自己太小气[37]。

他说："应该用的钱，千万百万也不要吝惜[38]；不应该用的钱，一分也不要浪费。"陈嘉庚就是这样，既小气又大方。临死前，他把自己全部的家产都捐献[39]出来，没有给子女留下一分钱。有人做过统计[40]，陈嘉庚先生一辈子为办学捐的钱超过了 1 亿美元。

一位诗人曾说过："有的人死了，可他还活着。"陈嘉庚就是这样，他一心[41]为了民族、为了教育，无私[42]奉献[43]，这种精神就像为了纪念他而命名的"陈嘉庚星"一样，永远闪耀[44]天空。

宁可……也……：表示比较两方面后，选择相对有利的一面。例：我宁可多花点儿钱，也要买一个质量好的。

产业：多指个人所有的土地、房屋、工厂等。

家产：家庭财产。

（根据 2005 年 8 月 14 日《人民日报》的《华侨旗帜　民族光辉——陈嘉庚》等资料改写）

生词

在于[1]	zàiyú	动	例：学习成绩好坏主要～自己努力不努力。
密不可分[2]	mìbùkěfēn		形容十分紧密，不可分割。 例：他们的关系是～的。
凭[3]	píng	动	依靠。例：他～记忆找到了那座房子。
		介	根据。例：～票入场　你～什么怀疑我？
辛勤[4]	xīnqín	形	辛苦勤劳。例：只有～的付出才能换来美好的生活。
诚信[5]	chéngxìn	名	讲诚信。例：～是比金子还要可贵的品质。
经营[6]	jīngyíng	动	负责组织并管理。

			例：他们夫妻两人～着一家小饭馆。
鼎鼎大名[7]	dǐngdǐngdàmíng		形容名气很大。例：这就是～的宣纸。
想念[8]	xiǎngniàn	动	希望见到。例：～父母　～亲人　～祖国
			【近】思念
巷子[9]	xiàng · zi	名	例：一条～
关闭[10]	guānbì	动	例：～学校　～公司
打听[11]	dǎtīng	动	通过询问了解。例：劳驾，跟你～个人。
未来[12]	wèilái	名	将来。
积蓄[13]	jīxù	名	积存的钱。
			例：他把一生的～都捐给这所希望小学了。
		动	积存。例：～力量
耽误[14]	dānwù	动	例：快走吧，别～了上学。
劝说[15]	quànshuō	动	用道理说服别人，使接受自己的意见。
			例：我～了一下午，他才同意了。
聆听[16]	língtīng	动	集中精力，认真地听。
仿佛[17]	fǎngfú	副	似乎，好像。例：他干起活来，～不知道累。
打理[18]	dǎlǐ	动	经营，管理，整理。例：～生意　～家务
源源不断[19]	yuányuánbùduàn		形容接连不断。
兴办[20]	xīngbàn	动	创办（事业）。例：～工厂　～中学
统称[21]	tǒngchēng	动	总起来叫做。例：武昌、汉口和汉阳～为武汉。
			【近】总称
创办[22]	chuàngbàn	动	开始办。例：～医院　～企业　～网站
立足[23]	lìzú	动	脚站得稳；能生存下去。
			例：没有文化，没有知识，在城市很难～。
景气[24]	jǐngqì	形	兴旺、繁荣（多用于否定式）。
			例：市场不～，生意难做。
打击[25]	dǎjī	动	攻击，使人受到挫折。例：你总是～我的积极性。
		名	例：一次又一次失败给了他巨大的～。
境遇[26]	jìngyù	名	境况和遭遇。例：悲惨的～　～不佳
变卖[27]	biànmài	动	出卖财物，换取现款。例：～首饰　～田地
经费[28]	jīngfèi	名	例：活动～
解囊[29]	jiěnáng	动	解开钱袋拿出钱来。形容极其大方地在经济上

			帮助别人。
兴建[30]	xīngjiàn	动	建设。例：～一座大楼　～机场
栋[31]	dòng	量	例：一～大楼
简朴[32]	jiǎnpǔ	形	（语言、文笔、生活等）简单朴素。
在乎[33]	zài・hu	动	放在心上。例：我很～别人对我的看法。
节俭[34]	jiéjiǎn	形	生活俭省，有节制。
奢侈[35]	shēchǐ	形	浪费钱财，过分追求享受。例：～品　生活～ 【反】节俭
以至[36]	yǐzhì	连	表示后面的结果是上面说的情况的程度太深造成的。 例：我是他们最关心的人，～我的一点点成功他们都深深地记在心里。
小气[37]	xiǎoqì	形	不舍得花钱。例：这条裤子穿了 5 年了，你也太～了。
吝惜[38]	lìnxī	动	吝啬、爱惜。
捐献[39]	juānxiàn	动	把财物无偿地献给（集体或国家）。 例：他决定死后～自己的身体器官。
统计[40]	tǒngjì	动	对有关数据进行收集、整理、计算等。例：～数字
		名	例：～局
一心[41]	yīxīn	副	专心；全心全意。例：～为民　～向学　～忙事业
无私[42]	wúsī	形	毫无保留，没有私心。 【反】自私
奉献[43]	fèngxiàn	动	做出贡献而不希望得到什么。 例：要有为理想而～的精神。
闪耀[44]	shǎnyào	动	很亮的光闪烁耀眼。例：夜晚各色灯光～，十分美丽。

谈一谈

1. 厦门跟陈嘉庚有什么关系？
2. 陈嘉庚被人们称作什么？

3. 陈嘉庚为什么要办学校？

4. 陈嘉庚是怎么劝服自己妻子的？

5. 陈嘉庚办的集美学校包括哪些学校？

6. 为什么说陈嘉庚的生活很简朴？

7. 为什么说陈嘉庚“既小气又大方”？

8. 为什么说陈嘉庚是“华侨旗帜”？

阅读课文

让不可能变成可能——华裔[1]神探李昌钰

一根头发，一张纸巾，这些在普通人看来毫不起眼[2]的东西，在他的眼里，可能是弄清真相的重要证据[3]。他的警号是38007，同事们私下里叫他007。在美国，他无人不知，无人不晓。他就是华裔神探李昌钰。

1986年，泛美航空公司的空姐海伦下班后，就再也没有出现过。警察在她的卧室里发现了几点血迹[4]，迹象显示海伦很可能已经遭遇不测。谁是凶手呢？经常与海伦吵架的丈夫理查德有重大嫌疑。不过他却矢口否认（shǐ kǒu fǒu rèn），并且三次都通过了测谎仪（cè huǎng yí）。警方派出警犬和直升机搜寻[5]海伦的尸体，也毫无结果。一个多月过去了，案情始终扑朔迷离（pū shuò mí lí）。

负责破案[6]的华裔警探李昌钰压力巨大。

这个时候，有个司机举报[7]，案发前夜有一个长得很像海伦丈夫的人驾着一辆卡车往城外开，车上还有一台大型碎木机。经过分析，李昌钰认为一定得找到那台碎木机。在一个湖边，李昌钰找到了一些头发，接着从湖里打捞（lāo）上来的碎木机里，通过放大镜又发现了一些细微

不测：料想不到的事情。多指祸患。

矢口否认：一口咬定，死不承认。

案情：案件的情节。

扑朔迷离：形容事物错综复杂，不容易看清真相。

的发丝和血迹。李昌钰将这些发丝、血迹和海伦卧室的发丝和血迹进行了比较，证实了它们是属于同一个人的。在证据面前，狡猾的理查德终于承认了自己的罪行。

罪行：犯罪的行为。

这就是轰动全美的“碎木机杀人案”，李昌珏因此成为美国家喻户晓的神探。

还有一个很残忍[8]的案件。某天凌晨，有人看到一个男人追着一个女孩到了9楼，杀了她后逃走了。警方先后抓了4个人，但都因为找不到证据，只好一个一个放了。女孩的父亲约翰是个修车厂的老板，把所有的财产[9]都用在为女儿破案上。刚开始的时候，他在报纸上登广告：“今天是我女儿被谋杀[10]的第232天，案子还没有破，悬赏（xuán shǎng）奖金一百万。”十几年过去了，案件还是没进展。走投无路的约翰找到李昌钰，跪在地上哀求[11]道：“李博士，我太太死了，我就这一个女儿，希望你能帮我！我已经快绝望了。”李昌钰听了很难过，就把这个案件调出来，重新调查。

悬赏：公开出钱征请众人为之做事。

走投无路：无路可走，已到绝境。比喻处境极困难，找不到出路。

在死者的车后边，他发现了一个纸巾盒，上面有一些血；然后重新用化学试剂测评[12]，找到一些指纹（zhǐ wén），但那枚[13]指纹在警察的资料库里找不到匹配（pǐ pèi）的。于是，李昌钰随身带着那个指纹的照片，每到一个国家、一个地方讲学、办案，就请当地的警察局去找一找。可是一直都毫无线索。直到有一天，凌晨四点钟一个工作人员突然吵醒李昌钰说：“李博士，找到了！”原来那个杀人犯在周末追打一个女人被抓了，他的指纹进了档案（dàng àn）才匹配到的。在李昌钰持续不断的努力下，正义终于来临了。

档案：机关或企业等分类保存的各种文件和材料。

李昌钰痴迷刑事鉴识（xíng shì jiàn shí）专业。1998年，他受邀担任康州警政厅厅长，开始他并没有答应。李昌钰曾说过：“我什么恐怖、危险都不怕，我就怕惹老妈生气。”州长不得已打电话向李母“求救”。母亲劝儿子说：“你不应该光为自己想，要为华人争气[14]！”李昌钰这才接受下来，成为美国首位州级华裔警政长官，也是美国警界职位最高的亚裔人士。

惜时如金的他常常站着就把饭菜一扫而光了，被他的太太笑称为“吸尘器”。他说：“一年只有 8 760 个小时，平常人工作只有 1 642.5 小时。平时太太烧饭时，我站着很快就吃好了，一年就比别人省下一倍[15]的时间。”

惜时如金：像爱惜金钱一样爱惜时间。

一扫而光：一下子就扫除干净，比喻做事干净利索、速度快。

凭着丰富的经验、过人的精力以及忘我的工作态度，他一生参与重大案件 8 000 多件，被称为让全世界凶手睡不着觉的人。

可是，他却说：“我一辈子只做了一件事，那就是变不可能为可能。”

（根据 2013 年 1 月 2 日“开讲啦”节目中李昌钰演讲稿《要使不可能变成可能》等资料改写）

生词

华裔[1]	huáyì	名	华侨在侨居国所生并取得侨居国国籍的子女。 例：海外～　美国～　～青少年　～作家
起眼[2]	qǐyǎn	形	看起来醒目，惹人重视（多用于否定式）。 例：别看这些东西不～，日常生活离不开它们。
证据[3]	zhèngjù	名	用来证明某件事件的真实性的文字、物品等。 例：要证明一个人有罪，必须拿出充足的～。
血迹[4]	xuèjì	名	例：交通事故现场，留下一摊～。
搜寻[5]	sōuxún	动	寻求，寻找。例：一些游客在森林里失踪，警察派出警犬去～。
破案[6]	pò//àn	动	侦破案件。
举报[7]	jǔbào	动	例：遇到诈骗，可以打～电话。
残忍[8]	cánrěn	形	心狠、凶恶。例：他这样虐待动物实在太～了。 【反】善良
财产[9]	cáichǎn	名	拥有的钱和物。例：家庭～

谋杀[10]	móushā	动	谋划杀害。例：惨遭～　一桩～案
哀求[11]	āiqiú	动	苦苦请求。例：～饶命　百般～
测评[12]	cèpíng	动	测试评价、评估。例：新职员都要接受心理～。
枚[13]	méi	量	例：一～戒指　一～邮票　一～铜钱
争气[14]	zhēngqì	动	努力争取好的结果，不甘心落在别人的后面。例：父母这么辛苦地供我上大学，我一定要为他们～。
倍[15]	bèi	量	跟原数相等的数，某数的几倍就是用几乘某数。例：双～的工资　二的五～是十。

词语辨析

1. 艰难　艰苦

相同：

“艰难”指十分困难；“艰苦”指艰难困苦。

例：艰苦的环境往往更能造就优秀的人才。(艰难)

爸爸小的时候，家里的生活非常艰难，常常吃了上顿没下顿。(艰苦)

不经历风雨怎能见彩虹？只有艰苦奋斗才能有望成功。(艰难)

不同：

修饰的对象不同，“艰难”可以形容行动不便，“艰苦”不能。

例：他的腿受伤后，行动艰难，生活基本不能自理。(×艰苦)

搭配：

艰难——很～ /～的生活/～的环境/～的工作/～的岁月/～奋斗/ ～生活/～行动

艰苦——很～/～的生活/～的环境/～的工作/～的岁月/～奋斗/～生活

2. 以至　以致

相同：

发音一样。都是放在后半句，表达高程度的结果。

例：他为了考试，常常一连学习好几个小时，以至忘了吃饭。(以致)

你的变化太大了，以至大家都认不出来了。(以致)

这次事故惊动了省里以至国家领导。(以致)

不同：

意思不同，书写时应注意。“以致”引出的多是不好的、说话人不希望的结果。“以至”则不一定。

例：他平时不来上课，以致考试不及格，只好留级。（×以至）

他整天跟一些不三不四的人鬼混，以致走上了犯罪的道路。（×以至）

3．兴办　兴建

相同：

都可以说“兴办（兴建）学校”。

例：我们公司为这个山村兴办了一所中学。（兴建）

他们计划在城南兴办一家大型的小商品批发市场。（兴建）

他投资为家乡兴建了一个农副产品加工厂。（兴办）

不同：

“兴办”的对象一般是抽象的。“兴建”的对象既可以是抽象的，也可以是具体的。

例：很多华侨华人为家乡捐资兴办教育。（×兴建）

搭配：

兴办——～公司/～实业/～教育/正在～/～起来了

兴建——～工业园/～化工基地/～外贸城/正在～/～起来了

练习：

（1）他们村由于（　　）了一些企业，从而走上了富裕的道路。

（2）这里将（　　）一座科技园。

（3）陈嘉庚先生为（　　）华文教育做出了杰出的贡献。

（4）等到高铁站（　　）起来，这里的旅游业也会大大发展起来。

段落训练

1．在你们国家有没有像陈嘉庚一样的慈善名人或华人呢？请你介绍一下他的有关事迹，尽量多用课文中学过的生词。

2．请你谈一谈对“慈善”的看法。

文化点滴

中华慈善

慈善文化的根一直深深地扎在中国传统文化的土壤里。

中国文化认为爱是人的天性。爱是在人之内而不在人之外，是一种内在的道德精神的表现。

中国传统文化的主流——儒家极力宣扬一种道德的仁爱精神，所谓“仁者，爱人”“己所不欲，勿施于人”；孟子认为人性固有四个善端：恻隐、羞恶、辞让、是非。所谓“恻隐之心，仁之端也；羞恶之心，义之端也；辞让之心，礼之端也；是非之心，智之端也。人有是四端也，犹其有四体也”。

道家主张“损有余，补不足”。所谓“知足不辱”“知足常乐”“知足者富”。

墨家主张“兼爱”“非攻”。要让“饥者得食，寒者得衣，乱者得治”，要“爱无差等”，“远施周遍”使“天下之人皆相爱”，达到“强不执弱，众不劫寡，富不侮贫，贵不傲贱，诈不欺愚”的境界。

佛家主张“慈悲为怀”，要求摆脱轮回、出离三界、普度众生，实行“与乐、拔苦”的义举，为一切众生造福田。

由于慈善文化的根一直深深地扎在中国传统文化的土壤里，所以积德行善、乐善好施成为中国文化的传统。从古至今，受传统文化影响的中国人，一直以此作为一种良好的行为规范。

经典诵读

1. 勿(wù)以恶小而为之，勿以善小而不为。（陈寿《三国志·蜀书·先主传》）

译：不要认为好事很小就不去做，不要认为坏事很小就去做。

2. 一寸光阴一寸金，寸金难买寸光阴。（《增广贤文》）

译：一寸光阴和一寸长的黄金一样宝贵，而一寸长的黄金却不能买到一寸光阴。这说明了时间的宝贵，应珍惜时间，好好读书学习。

练习

一、朗读

景色怡人　生活朴素　毫不在乎　毫不奢侈　毫不起眼　毫无线索
无私奉献　耐心劝说　鼎鼎大名　家喻户晓　有钱多花，没钱少花
有钱出钱，有力出力　态度坚定地说　静静地聆听　既小又暗
既小气又大方　无人不知，无人不晓　一分也不要浪费　一心为了民族
破得不能再破了

二、请在括号里填上合适的字

创办(　)(　)　经营(　)(　)　关闭(　)(　)
捐献(　)(　)　兴办(　)(　)　打听(　)(　)
劝说(　)(　)　吝惜(　)(　)　兴建(　)(　)
统计(　)(　)　举报(　)(　)　维持(　)(　)
变卖(　)(　)　跟随(　)(　)　耐心(　)(　)
想念(　)(　)

三、填字构词，再选择合适的词填在下面的横线上

1. 美(　)　美(　)　2. 积(　)　积(　)　3. 创(　)　创(　)
歌声________　一笔________　________公司
4. 简(　)　简(　)　5. (　)作　(　)作　6. 统(　)　统(　)
婚礼________　田间________　中国________
7. 节(　)　节(　)　8. 闪(　)　闪(　)　9. 艰(　)　艰(　)
生活________　________天空　________的选择

四、完成句子

1. 长大了就不应该依靠父母，________________。（凭）
2. 王老师天天忙得不可开交，________________。（以至）
3. 他昨天淋了雨，________________。（以致）
4. ________________，其他的都捐给了福利院。（维持）
5. 希望同学们毕业后，________________。（保持）

6. 听说灾区正面临各种困难，________________。（毫不）
7. 人生的意义不是在于拥有多少，________________。（在于）
8. 很多年轻人喜欢北上广，________________。（宁可……也）

五、完成对话

1. A：咱们学生买火车票有什么优惠？
   B：________________买火车票可以半价。（凭）
2. A：这段时间小明妈妈忙得连孩子们也不管不问了，到底在忙什么啊？
   B：________________，哪里有时间教育孩子？（一心）
3. A：听说班图儿下学期不想学汉语了，想要放弃，怎么办？
   B：________________。（……下去）
4. A：哎呀，我手机丢了，真倒霉！
   B：别太难过，手机虽然丢了，________________。（……起来）
5. A：要我说，你随便找个人凑合凑合，把自己嫁了得了！
   B：那怎么行？________________。（宁可……也）
6. A：要是我有很多很多钱，我就一定很幸福！
   B：________________，没有多少钱照样可以快乐！（在于）
7. A：你说，母亲节送妈妈什么礼物好呢？
   B：________________，其实，________________。（在乎）
9. A：假如有一天我和你的狗都掉进水里，你会先救谁？
   B：那还用说吗？________________。（毫不）

六、选用下面的成语改写句子，要求保持句子意思不变

密不可分　源源不断　鼎鼎大名　矢口否认

家喻户晓　一扫而光　惜时如金　走投无路

1. 语言的学习和文化的学习是分不开的。

改写成：________________

2. 胡文虎是东南亚非常有名的“报业大王”。

改写成：________________

3. 他持续地资助这些贫困生的学业。

改写成：________________

4. 他完全不承认这件事是他做的。

改写成：________________________________

5. 她因为演了这部电影一下子变得家家户户每个人都认识她了。

改写成：________________________________

6. 听了老师的话，她的不快一下子全部没有了。

改写成：________________________________

7. 公司倒闭以后，他没有人可以依靠了。

改写成：________________________________

8. 大学生活非常短暂，我们应该像爱惜金钱一样爱惜时间。

改写成：________________________________

七、熟练背诵下列语段

1. 到过厦门的人，几乎没有不知道集美学校和厦门大学的。这不仅仅是因为那里景色怡人，是当地著名的旅游景点，更主要的还在于，它们都跟一位被誉为“华侨旗帜”的陈嘉庚先生密不可分。

2. 陈嘉庚1874年出生于福建省厦门市集美镇。17岁时，他跟随父亲漂洋过海，到了新加坡，开始学习做生意、办工厂。凭着他辛勤的工作和诚信的经营，生意渐渐兴隆起来。到了30岁时，陈嘉庚就已经成为东南亚鼎鼎大名的“橡胶大王”。但是，远在异乡的他，却时时想念着自己的家乡。

3. 一位诗人曾说过：“有的人死了，可他还活着。”陈嘉庚就是这样，他一心为了民族、为了教育，无私奉献，这种精神就像为了纪念他而命名的“陈嘉庚星”一样，永远闪耀天空。

八、阅读理解

站着卖菜的慈善家

她是个仅有小学文化程度的普通摊贩（tān fàn），卖蔬菜就是她的专长。她其貌不扬，甚至可以说是“丑”，不足1.5米的身高，幼年时因烫伤造成右手五指蜷曲，双脚因长期站立而脚掌严重变形，腿部炎症长期困扰着她，严重时走路是一跛一跛的。

这样一个普通得不能再普通的老妇人，却与姚明、成龙等48人，一齐登上了亚洲

《福布斯》杂志“亚太慈善英雄人物”排行榜。在美国《时代》周刊公布的2010年度最具影响力百位人物名单中，她位列英雄类人物奖第8名。

她的行为感动了全世界，她却浑然不知(hún rán bù zhī)。福布斯慈善榜公布的当天，她正忙着卖菜。这个位于台东市中央市场内的小菜摊还是她母亲留下来的，她从13岁开始就在这儿了，一站就是48年。当年，她的母亲难产，家中却穷得连就医的保证金都缴不起，最终延误了抢救时机。为了养活4个弟妹，13岁的她只好辍(chuò)学，接手家里的菜摊。此后每天凌晨4点起床去批发蔬菜，忙到晚上9点收摊，日复一日，眨眼，她在菜摊上度过了48个年头。除了除夕，几乎全年无休，为了照顾家中老小，她至今孑(jié)然一身，并认为用一个人的牺牲换取全家的幸福，这是“理所当然”的。

她的一生是极其节俭的，甚至到了苛刻的地步。一天吃饭用不到100元台币，酱油拌饭或是用豆腐乳佐餐，最奢侈也就是买个快餐，中午吃一半，晚上再吃一半。就连病了也不情愿去医院，总是自己买点药吃，一是怕花钱，二是担心客人流失。这样一个恨不得把一分钱掰成两半用的女人，近20年来却捐献了1 000万元新台币（折合人民币250万元）给社会。需要卖出多少把小白菜、多少条黄瓜才能攒(zǎn)到1 000万元新台币？她一直认为“钱，要给需要的人才有用”。

她默默地做着这一切，感觉是那么的平常与快乐，甚至觉得只是“舍得与舍不得”的简单小事。少年时期的贫困让她对生活有了更深一层的理解，当她站在教堂跟着旋律唱《感恩的心》时，她的心是充满感动的，为那些曾经给予自己帮助、自己也帮助过的人。她根本就没想过要出名，只是发自内心地想去这么做。

当她被评选为2010年全球最具影响力的100位英雄人物时，媒体记者纷至沓(tà)来对她进行跟踪报道，她慌乱得不知所措。她考虑再三才答应出席《时代》周刊的颁奖大会，而在这之前她根本不知道《时代》是什么，更不知道是谁推荐了她。出名后的她拒绝做广告代言人，一心只想尽快回到菜场去卖菜。她认为那里才是她的人生舞台，只有在那儿，她的一颗心才能真正安定下来。

她叫陈树菊，台东一位卖了半个世纪菜的普通大妈。

富人的慷慨(kāng kǎi)，让人看到慈善的力量，而一个平凡老百姓的慷慨，则让人看到人性的美德。

（作者：廖晓颖，选自《青年博览》2010年第24期，有删改）

根据文章内容完成题目：

1. 有关她的情况介绍，不正确的一项是(　　)。

A. 她的身高不到1.5米

B. 她只念到小学就休学了

C. 她长得普普通通

D. 她的脚无法走路

2. 她获得的荣誉不包括(　　)。

A. 登上《福布斯》富豪榜

B. 登上《时代》周刊

C. 接受《时代》周刊的颁奖

D. 登上《福布斯》“亚太慈善英雄人物”排行榜

3. 关于她的节俭生活，说法不正确的一项是(　　)。

A. 每天吃饭花费不超过100台币

B. 生病了自己抓药吃，不去医院

C. 每天吃快餐，中午吃一半，晚上吃一半

D. 恨不得一分钱掰成两半用

4. 根据全文内容，说法正确的一项是（　　）。

A. 只有富人捐款才叫慈善

B. 她为了帮助社会，牺牲了自己的幸福

C. 她捐款总额达到1000万元人民币

D. 慈善不分贫富贵贱，普通人也可以做慈善。

5. 她捐钱给社会是为了（　　）。

A. 回报别人

B. 帮助需要帮助的人

C. 出名

D. 感动世界

九、选择语句填空

A. 没有

B. 所以我带两根来送你

C. 他们家竟穷到连蜡烛都没有吗

D. 我就知道你家一定没有

E. 请问你家有蜡烛吗

有一位单身女子刚搬了家，她发现隔壁住了一户穷人家，一个寡妇与两个小孩子。有天晚上，那一带忽然停了电，那位女子只好自己点起了蜡烛。没一会儿，忽然听到有人敲门。

原来是隔壁邻居的小孩子，只见他紧张地问：“阿姨，______?”女子心想：

“_____？千万别借他们，免得被他们依赖了！”于是，对孩子吼了一声说：“_____！”正当她准备关上门时，那穷小孩露出关爱的笑容说：“_____”

说完，竟从怀里拿出两根蜡烛，说：“妈妈和我怕你一个人住又没有蜡烛，_____。”此刻女子感动得热泪盈眶，将那小孩子紧紧地抱在怀里。

十、趣味汉语

下面三幅都是公益慈善海报，请你也模仿创作一幅。先把广告词写在下面，然后设计出你的海报。

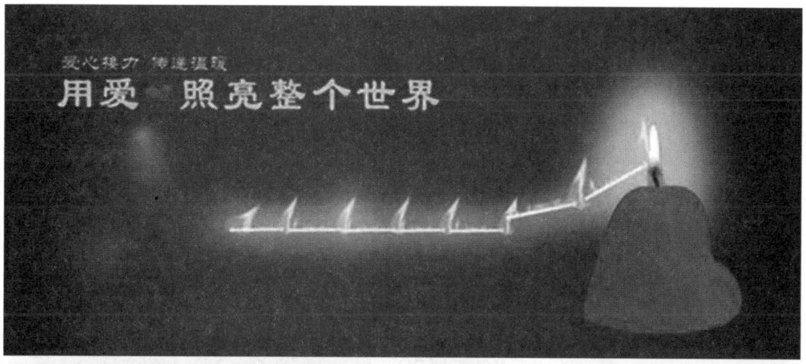

第十二课

课前准备

1. 请说一说嫦娥奔月的故事。
2. 请说一说你小时候的梦想。

课文

盛开在太空里的玫瑰

2012 年 6 月 16 日 18 时 37 分，中国神舟九号载人飞船成功发射[1]，顺利将 3 名中国航天员送上太空。从此，亿万[2]中国人记住了一个普通而又伟大的名字——刘洋。她是中国第一个飞向太空的女性！

并非：并不是。

飞行[3]并非刘洋最初的梦想[4]。小时候，她想过做律师、售票员、白领。19 岁那年，空军第一次在河南招生，在老师的推荐下，她也去报考[5]，过五关斩(zhǎn)六将，进入了录取名单。眼看[6]飞天梦就要实现，父母却拦[7]住她，说女孩子当飞行员太苦了，也很危险，还是不去吧。刘洋

过五关斩六将：比喻克服重重困难。

安慰父母说：“没事，我喜欢在蓝天上翱翔（áo xiáng）……”

军校生活，辛苦而单调[8]。不论严寒酷暑，一站几个小时，奔跑、跳跃、单杠（gàng），累到腿脚发软，这些训练[9]刘洋开始时吃不消[10]。从未吃过苦的独生女一度[11]灰心[12]，写信向朋友诉苦[13]。一位同学在回信中写道：“你知道我多么羡慕你吗？我还在寻找自己生命中的玫瑰园，你却已经拥有[14]了一片沃（wò）土，只需要好好浇灌（jiāo guàn），一定会盛开。”刘洋冷静下来，反思[15]后终于想通了，并开始努力投入新的生活。2001 年，她以全优的成绩毕业，正式成为一名运输机飞行员。

可是飞行并不像常人所想的那么自由轻松，危险可能说来就来。刘洋在驾驶[16]运输机的那些年里，也曾多次遭遇险情[17]。

有一次，刘洋接到命令，要赶到西安实施人工降雨。偏偏[18]天气不好，起飞时就在下雨，没多久，机身开始结冰，冰层越来越厚，采取[19]加温等常规[20]措施[21]后仍不见效[22]。这时候，继续往前飞，危险；返航的话就无法按时完成任务。刘洋决定不返航。她死死把着驾驶杆，针对[23]各种气流不停调整动作，最终飞机成功穿过危险区，按计划到达目的[24]地。这次经历教给刘洋一个信念[25]：在坚持不了的时候再坚持一下，成功也许就在前面。

2009 年，中国第二批航天员选拔开始，刘洋也报名了。选拔[26]女航天员的条件更是苛刻[27]，就好比从鸡蛋里挑骨头。最终，刘洋顺利入选[28]，成为中国首批女航天员之一。

进入航天城，又是新的考验[29]。队长一来就告诉她们必须忘掉自己的性别，任何时候不能拿“女性”当借口[30]。作为一位老飞行员，刘洋相信自己应该没有问题。然而[31]，训练超出[32]了她的想象。转椅训练每次要持续[33]15 分钟。这对谁而言都是一道难关[34]。

翱翔：在空中回旋地飞。

严寒酷暑：极其寒冷的冬天和非常热的夏天。

沃土：肥美的土地。

以：用、拿，表示方式。例：~少胜多；~9 秒 8 的成绩获得冠军

说……就……：表示动作迅速或情况发生、变化得快。例：说做就做；说唱就唱；说走就走；说变就变

返航：船驶回或飞机飞回出发的地方。

把：动词，用手握住。

鸡蛋里挑骨头：比喻故意挑毛病。

对……而言：对（于）……来说。例：对孩子而言，游戏是最好的学习方式。

冒汗：出汗。例：冒冷汗

浪花：名词，波浪激起的四溅的水。

“5 分钟好像是我的极限。听到 4 分钟报时，我突然浑身[35]冒汗，说不出的恶心[36]，但我不能吐，更不能喊停。因为身体对转椅会有一种条件反应式的记忆，如果你第一次呕吐[37]或停止，下一次就很难坚持了。”刘洋说，“我只好拼命[38]幻想[39]自己在美丽的海边，看夕阳[40]，看浪花。第一次挺[41]了过去，第二次好多了，后来就一次比一次顺利了。”

在航天城的两年，刘洋没有出门逛过一次街，即使在大年初一也没有停止过学习和训练。面对巨大的压力，她曾哭过，也质疑[42]过自己的选择，但最终还是咬牙[43]坚持了下来。“我把训练时间延长、再延长，休息时间压缩、再压缩[44]。”刘洋鼓励自己，“累是累，但也很幸福——被人信任的幸福，被国家需要[45]的幸福。”在一首诗里她曾写道：“只要坚持到最后，推开窗，就会发现你的玫瑰正在盛开。”

刘洋用自己的勇敢与坚持，一步一步走来，成为一朵盛开在太空里的玫瑰。

（作者陈志、新华，根据《意林·原创》2012 年第 8 期的文章和《时代青年：悦读》2012 年第 8 期的文章等资料改写）

生词

发射[1]　fāshè　动　把枪弹、炮弹等射出去。
例：～火箭　～一颗人造卫星　～出去　～成功

亿万[2]　yìwàn　数　数目非常大。例：～财产　～家产

飞行[3]　fēixíng　动　飞机、飞船、火箭等在空中航行。
例：～员　北京到上海空中～的时间是一个半小时。

梦想[4]　mèngxiǎng　名　（一般）很难实现的愿望和想法。
例：她的～是成为一名明星。
动　例：人类早就～着能够飞天。

报考[5]	bàokǎo	动	报名参加某种考试。例：～研究生 ～艺术学校
眼看[6]	yǎnkàn	动	看着（不好的事情发生，后面常用“着”）；马上、很快。例：他～着火车开走，才离开了火车站。
		副	例：～就要考试了，该好好复习了。
拦[7]	lán	动	不让通过，阻挡。例：一条河～住了去路。你要愿意去就去吧，家里绝不～你。【近】阻拦
单调[8]	dāndiào	形	简单、重复没有变化。例：色彩～ 样式～ 工作～
训练[9]	xùnliàn	动	有计划、有步骤地使具有某项技能。例：～士兵 ～班 ～小狗
吃不消[10]	chībùxiāo	动	不能支持；支持不住；受不了。例：这个月的花费让他有点～。爬这么高的山，上了年纪的人怕～。
一度[11]	yīdù	副	有过一次，曾经；一次。例：他～想放弃考大学。一年～的泼水节将于下周举行。
灰心[12]	huīxīn	动	失去信心，没有信心了。例：毫不～ 别～，我相信你一定行的！
诉苦[13]	sùkǔ	动	向人诉说自己的苦衷或自己所受的苦难。
拥有[14]	yōngyǒu	动	领有；具有（大量的人口、土地、财产等）。例：～3辆汽车 ～一份美好的爱情。【近】具有
反思[15]	fǎnsī	动	回头、反过来思考。例：～过去，是为了以后。
驾驶[16]	jiàshǐ	动	开（汽车、飞机等）。例：～飞机比驾驶汽车难得多吧?
险情[17]	xiǎnqíng	名	容易发生危险的情况。例：排除～ 及时发现～
偏偏[18]	piānpiān	副	表示跟希望的相反。例：他不让我吃，我～要吃。
采取[19]	cǎiqǔ	动	选择、使用（某种方法、态度做某事）。例：解决这个问题～什么态度比～什么方法更重要。
常规[20]	chángguī	名	经常实行的规矩或规定。例：按照～方法。
措施[21]	cuòshī	名	针对某种情况而采取的处理办法。

见效[22]	jiànxiào	动	（药物、计划、努力等）发生了效力。 例：很～　这种药～快。
针对[23]	zhēnduì	动	对准某个目标或对象。 例：你批评人别只～我一个人啊。 ～这个问题，我们讨论了好几次。
目的[24]	mùdì	名	想要达到的地点或境地。 例：～地　我这次来的～是看望你。
信念[25]	xìnniàn	名	坚信不疑的想法。
选拔[26]	xuǎnbá	动	根据一定的标准，挑选优秀的人才。 例：越来越多的女性被～为领导。
苛刻[27]	kēkè	形	条件或要求等过高或过于严厉，让人难以接受。 例：对方提出的条件太～了，我们不能接受。
入选[28]	rùxuǎn	动	当选；被选中；被选入。 例：有三名同学～“全校明星学生”。
考验[29]	kǎoyàn	名	通过事件、行动检验（思想、作风等）。 例：这只是对你的一个～。
		动	例：距离正在～着他们的感情。
借口[30]	jièkǒu	名	假的理由。例：生病只是他的一个～。
		动	例：“懒人王”～生病不来上课。
然而[31]	rán'ér	连	用在后半句的开头,表示转折。 例：他虽然失败了很多次，～并不灰心。
超出[32]	chāochū	动	超越；超过。例：这个价格已经～了我的能力范围。
持续[33]	chíxù	动	连续不断。例：～的暴雨　～高温　～下去 两国之间的交流已经～了一千多年。
难关[34]	nánguān	名	难以通过的关口，比喻不易克服的困难。
浑身[35]	húnshēn	名	全身。例：他淋了雨，～都湿了。
恶心[36]	ě・xin	动	想吐的感觉。
呕吐[37]	ǒutù	动	例：她有点晕车，长途旅行中～了几次。
拼命[38]	pīnmìng	动	尽最大力量，极度地。例：～地工作　～跑
幻想[39]	huànxiǎng	名	对无法或者还没实现的事情的想象。 例：他整天活在～中。

		动	他～着能发大财。
夕阳[40]	xīyáng	名	傍晚的太阳。　例：～西下
挺[41]	tǐng	动	勉强支撑。例：～住！别倒下！ 他生病了还硬～着上班。
质疑[42]	zhìyí	动	提出疑问。例：他～这件事的合理性。 【近】怀疑
咬牙[43]	yǎoyá	动	形容忍受住痛苦或磨难。 例：清洗伤口时，痛得他直～。
压缩[44]	yasuo	动	减少（人员、经费、篇幅等）。 例：～开支　～篇幅　～软件　本科招生数量年年～。
需要[45]	xūyào	动	应该有或必须有。例：～时间　～资金　～耐心

谈一谈

1. 刘洋最初的梦想有哪些？
2. 刘洋的军校生活怎么样？
3. 刘洋的同学是怎么安慰她的？
4. 刘洋驾驶飞机的时候遇到过什么危险？
5. 选拔女航天员的条件是怎么样的？
6. 刘洋是怎么挺过转椅训练考验的？
7. 刘洋面对压力的态度是怎么样的？
8. 为什么说刘洋是盛开在太空里的玫瑰？

阅读课文

我的童年读书梦

mù

几十年前，当我还是一个在故乡放牧的顽童时，就开始了阅读生涯[1]。

那时候在我们高密东北乡，书籍(jí)是十分少见的奢侈品，周围十几个村子里，谁家有本什么样的书我基本上都知道。为了得到阅读这些书的权利，我经常给有书的人家干活。

邻村一个石匠家里有一套带插图的《封神演义》，这套书好像是在讲三千年前的中国历史，但实际上讲述的是许多超人的故事。这样的书对我这样整天沉浸[2]在幻想中的儿童，具有难以抵御[3]的吸引力。为了阅读这套书，我给石匠家里拉磨磨(mòmó)[4]面，磨一上午面，可以看两个小时，而且必须在他家里看。我看书时，石匠的女儿就站在我的背后看着我，时间一到，马上把书收走。如果我想继续看，那就要继续拉磨。那时在我们那里根本就没有钟表，所以所谓两个小时，全看石匠的女儿的情绪，她心情好时，时间就走得缓慢[5]；她情绪不好时，时间就走得飞快。为了让这个小姑娘保持愉快的心情，我只好到邻居家的杏(xìng)树上偷杏子给她吃。像我这样的馋(chán)鬼，能把偷来的杏子送给别人吃，简直就像让馋猫把嘴里的鱼吐出来一样，但我还是将来之不易的杏子送给她，当然，石匠的女儿很好看也是一个重要的原因。

情绪：心情。

馋鬼：嘴馋贪吃的人。

总之[6]，在童年时代，我付出了巨大的代价[7]，把十几个村子里的书都读完了。那时候我的记忆力很好，不但阅读速度惊人，而且几乎是过目不忘[8]。当时读书是纯粹[9]为了看故事，非常投入，经常因为书中的人物而痛哭流涕(tì)，也经常爱上书中那些可爱的女性。

痛哭流涕：涕指眼泪，形容伤心到极点。

我把周围村子里的十几本书读完之后，十几年里，几乎再没读过书。我以为世界上的书就是这十几本，把它们读完，就等于把天下的书读完了。那一段时间我在农村劳动，与牛羊打交道[10]的机会比与人打交道的机会多，我在学校里学会的那些字也几乎忘光了。但我的心里还是充满了幻想，希望能成为一个作家，过上幸福的生活。

我 15 岁时，石匠的女儿已经长成了一个很漂亮的大姑娘，她扎着一条垂到臀(tún)部的大辫(biàn)子，生着两只毛茸茸

臀部：屁股。

的眼睛，一副睡眼蒙眬的样子。我对她十分着迷[11]，经常用自己艰苦劳动换来的小钱买糖果送给她吃。当我看到她担着水桶、让大辫子在背后飞舞着从河堤上飘然而下时，我的心里百感交集。我感到她是地球上最美丽的人。我跟在她身后，用自己的赤脚去踩她留在河滩上的脚印，仿佛有一股电流从我的脚直达我的脑袋，我心中充满了幸福。我鼓足了勇气，对她说我爱她，希望她能嫁给我做妻子，她吃了一惊，然后便哈哈大笑说："你简直是癞(lài)蛤蟆(há ma)想吃天鹅肉！"我感到自尊心受到了沉重的打击，但痴(chī)心不改，又托了一个大嫂去她家提亲。她让大嫂带话给我，说我只要能写出一本像她家那套《封神演义》一样的书她就嫁给我。我到她家去看她，想对她表示一下我的雄心壮志[12]，她不出来见我，她家那条凶猛的大狗却像老虎似的冲了出来。我在多次演讲中说过，是因为想过上一天三次吃饺子那样的幸福日子才发奋[13]写作。其实，鼓舞[14]我写作的，还有石匠家那个睡眼蒙眬的姑娘。

我至今[15]也没能写出一本像《封神演义》那样的书，而石匠的女儿也早已嫁给铁匠的儿子并且成了三个孩子的母亲。

百感交集：形容心情十分复杂。

赤脚：光脚。

癞蛤蟆想吃天鹅肉：比喻人没有自知之明，一心想谋取不可能到手的东西。

（莫言，节选自《青年文摘》2011 年第 8 期，有删改）

生词

生涯[1]	shēngyá	名	指从事某种活动或职业的生活。 例：职业～　运动～　教书～　舞台～
沉浸[2]	chénjìn	动	例：他～在往事的回忆里。
抵御[3]	dǐyù	动	抵抗，防御。例：～敌人　～寒风
磨[4]	mó	动	例：～面　～豆腐　～花生酱　现～咖啡　～碎
缓慢[5]	huǎnmàn	形	很慢。例：动作～　节奏～ 【反】快速、迅速

总之[6] zǒngzhī 连 总起来说，概括前面的内容。
例：吃饭时说汉语，上课时说汉语，买东西说汉语，～，我利用一切机会说汉语。

代价[7] dàijià 名 为得到某种东西或实现某个目标而付出的钱物、精力等。例：不管付出什么～，我都要得到它。

过目不忘[8] guòmùbùwàng 看过就不忘记。形容记忆力非常强。
例：他的记忆非常好，看过的书都～。

纯粹[9] chúncuì 副 完全地。例：他说的～是骗人的鬼话，鬼才相信他。

打交道[10] dǎjiāo · dao 动 指个人、组织或国家之间进行交易或发生联系。
例：他从小就擅长和人～。

着迷[11] zháo//mí 动 对某人或某事物产生特别强烈的爱好。
例：孩子们听故事听得着了迷。

雄心壮志[12] xióngxīnzhuàngzhì 伟大的理想，宏伟的志愿。
例：不仅要有～，更重要的是要有行动。

发奋[13] fāfèn 动 勤奋；决定努力。
例：面对激烈的竞争，我们都争分夺秒地～学习。
【近】发愤

鼓舞[14] gǔwǔ 动 使振作起来，增强信心或勇气。
例：老师的话一直～着我。
【近】鼓励

至今[15] zhìjīn 副 直到现在，强调没有变化。
例：他离婚以后，～还是一个人。

词语辨析

1．眼看 马上

相同：

都能做副词，都有很快的意思。

例：马上要期中考试了，我得复习功课。（眼看）

天这么黑，眼看要下雨了，你就别走了。（马上）

不同：

（1）“眼看”只用于客观描述，不能用于祈使句；“马上”可以用于祈使句。

例：车眼看就要开走了，他还没来，真急死人了。（×马上）

你稍等一会儿，他马上就回来了。（×眼看）

（2）“眼看”还是动词，可以带“着”，也可以带宾语，“马上”不能。

例：时间到了，请同学们快上车，我们马上出发。（×眼看）

不能眼看着他流血不管啊，要赶快想办法止血。（×马上）

搭配：

眼看——～要下雨了/～天就要黑了/～要考试了/～着

马上——～要下雨了/～天就要黑了/～要考试了/～开始/～出发/～就回来/～上车

2. 鼓舞　鼓励

相同：

“鼓励”，用言行对别人产生影响，使别人更好地工作或学习。“鼓舞”，使振作起来，增强信心和勇气。

例：这个好消息对我们来说是一个很大的鼓舞。（鼓励）

不同：

“鼓舞”的动作主体是事，“鼓励”的动作主体人和事都可以。

搭配：

鼓舞——很受～/受到～/～他/很大的～/～人心/～士气/～人民/令人～

鼓励——受到～/～他/很大的～

例：这一个令人鼓舞的好消息。（×鼓励）

老师总是鼓励我们，学习汉语要多听多说，不要怕说错。（×鼓舞）

谢谢你对我的鼓励。（×鼓舞）

申办奥运成功的消息鼓舞着全中国人民。（×鼓励）

3. 着迷　入迷

相同：

语义上都表示喜欢的程度高。“入迷”，喜欢某种事物到了非常深入的程度。“着迷”，对人或事物产生难以舍弃的爱好。

例：中国文化让人着迷。（入迷）

自从买了电脑，他就像着了迷一样，一天到晚坐在电脑前。（入迷）

不同：

“入迷”比“着迷”的程度要高。

例：他们的精彩表演让观众看得入了迷。（×着迷）

那天的讲座很精彩，我都听得入了迷，没留意周围的情况。(×着迷)

搭配：

着迷——很~/看得~/听得~/对足球~/对汉语~/令人~/让人~/~于

入迷——很~/看得~/听得~/对足球~/对汉语~/看书~

段落训练

1. 模拟选拔航天员的面试，邀请同学扮演刘洋、刘洋的同学和面试官。
2. 模拟记者招待会。想象你是莫言，回答记者关于童年时故事的有关提问。

文化点滴

熟能生巧

古时有个人射箭非常厉害。有一天，他当着大家的面练习射箭，射十支箭，能射中八九支，观看的人都拍手说："真棒啊！太厉害了！"

这个人很得意，但是他看到有个卖油的老头儿只是点点头，并不像别人那样拍手称赞，就不高兴地说："你会射箭吗？你看我射得怎么样？"

老头说："我不会射箭，你嘛，射得还算可以，不过这也没什么了不起，只是手法熟练罢了。"说完，老头就把一个铜钱盖在一个盛油的油瓶口上，取一勺油高高地往铜钱眼里倒，倒啊倒啊，一勺油都倒光了，可是铜钱上却没有沾上一滴油，大家都很惊讶，赞叹不已。老爷爷谦虚地说："这也只是熟能生巧罢了，没什么窍门，和射箭是一个道理！"

那个人听了十分惭愧，从此更加努力练习射箭，再也不夸耀自己的箭术了。其实很多事情都是这样，没有什么窍门，熟练了自然就做得好了。

经典诵读

1. 书山有路勤为径(jìng)，学海无涯(yá)苦作舟。(【唐】韩愈)

译：在读书、学习的道路上没有捷径可以走，如果想获得更多更广的知识，"勤奋"和"刻苦"是必不可少的。

2. 天行健，君子以自强不息！（《周易》）

译：天（自然）的运动刚强劲健，相应地，君子做事情也应该像天一样，力求进步，发奋图强，永不停息。这句话强调人应该努力向上。

练习

一、朗读

一次比一次顺利	过五关斩六将
一天比一天进步	鸡蛋里挑骨头
冷静下来	咬牙坚持下来
从未吃过苦	从未喊过累
在老师的推荐下	在朋友的鼓励下
以全优的成绩毕业	按计划到达目的地
扎着一条大辫子	生着两只亮晶晶的大眼睛
付出了巨大的代价	鼓足了勇气
亿万中国人民	很快见效

二、请在括号里填上合适的字

考验（ ）（ ）	选拔（ ）（ ）	报考（ ）（ ）
录取（ ）（ ）	质疑（ ）（ ）	驾驶（ ）（ ）
反思（ ）（ ）	采取（ ）（ ）	发射（ ）（ ）
拼命（ ）（ ）	压缩（ ）（ ）	拥有（ ）（ ）
寻找（ ）（ ）	持续（ ）（ ）	停止（ ）（ ）

三、选词填空

1. 质疑 怀疑 当场______	2. 着迷 入迷 令人______	3. 采取 采用 ______措施
4. 报名 报考 ______大学	5. 反思 思考 ______自己	6. 选拔 选择 ______专业

7．拥有　具有　　8．鼓舞　鼓励　　9．马上　眼看

______财产　　深受______　　______回答

四、完成句子

1．______，女人也可以做到。（并非）

2．______，他还没有准备好。（眼看）

3．她是家里的独生女，______。（然而）

4．他在学习汉语的过程中遇到很多困难，______。（一度）

5．这辆汽车在市区______，难怪会被警察处罚。（以）

6．昨天我去找你，______。（偏偏）

7．每天除了吃饭睡觉就是训练，______。（吃不消）

8．______，没有什么比学习更重要的事情。（对……而言）

五、连词成句

1．妈妈　诉苦　我　她　给　向　打电话

______

2．打鼓　他　着迷　对　很　最近

______

3．这里　陌生　对　不　她　一点儿　也

______

4．借口　上课　来　他　有病　就　不

______

5．鼓舞　令　好消息　真　人　这个

______

6．他　偏偏　选择　一个　很冷门　的专业

______

7．一度　无话不谈　是　好朋友　我们　的

______

8．对我而言　这　是　一个　特别　的　礼物

______

六、选用下面的词语改写句子，要求保持句子意思不变

浑身　　苛刻　　极限　　沮丧　　拼命　　不论　　单调　　险情

1. 输了比赛，大家的情绪都很低落。

改写成：____

2. 这个老板对待员工太严格、太挑剔了。

改写成：____

3. 我最多能游200米，再多我就游不动了。

改写成：____

4. 你全身都是汗，需要赶快洗个澡。

改写成：____

5. 不管多大的困难，他都挺了过来。

改写成：____

6. 如果发现危险的情况，请拨打报警电话。

改写成：____

7. 军人每天的生活除了训练还是训练。

改写成：____

8. 最后一圈，他用尽全身力气，终于追上了第一名。

改写成：____

七、熟练背诵下列语段

1. 这次经历教给刘洋一个信念：在坚持不了的时候再坚持一下，成功也许就在前面。

2. 面对巨大的压力，她曾哭过，也质疑过自己的选择，但最终还是咬牙坚持了下来。“我把训练时间延长、再延长，休息时间压缩、再压缩。”

3. 刘洋鼓励自己，“累是累，但也很幸福——被人信任的幸福，被国家需要的幸福”。在一首诗里她曾写道：“只要坚持到最后，推开窗，就会发现你的玫瑰正在盛开。”

八、阅读理解

“姚黑”和“姚蜜”的告密信

12点37分，网页的e-mail提示“嘀”了一声，我收到一封来信，关于姚明的。

这让我回忆起九年前，差不多也是这个时段，我收到了一封告密信，同样是关于姚明。这位来自中国的告密者详细地介绍了姚明的身高、体重，分析了他转身、跳投等方面存在的缺陷（quē xiàn）。除此之外，他竟然连姚明受了多少伤，什么地方容易受致命伤都告诉了我，这确实让我出了一身冷汗。毫无疑问，写信的人非常熟悉姚明。

中国有句俗语：宁可信其有，不可信其无。如果姚明真如信中所说，那我作为火箭队的老板就要承担很大的风险。或许我应该趁着他头顶的光环尚未消逝时，早点谈个好价钱把他交换出去。所以，收到那封信的第二天，我便秘密地成立了一个针对姚明的调查组。

我想，后来《福布斯》NBA财富榜公布我的财富陡增（dǒu zēng）至12亿元，很大程度上要感谢这封告密信，正是它促使我去了解姚明。他确实受过伤，但在身高上极具优势，在体力上超越了一般的东方人，在速度上更是难能可贵。总之，那封告密信促使我产生了这样一种想法：姚明应该是核心。

中国的NBA市场就像那封告密信所隐藏的商机一样，十几亿人关注姚明，每一场火箭的比赛收视率都处在前列，我的火箭队能不赚钱吗？谢谢你，姚明；谢谢你，告密者。

九年过后，我没想到还会收到一封信，而且依旧是关于姚明的。同样是对姚明身体的分析，同样提出了许多种种不利的信息，但后面的落款（luò kuǎn）不再是一片空白，而是清清楚楚地写着：姚明。

这封信写得太诚恳，不怕大家笑话，读完后我有点老泪纵横（lǎo lèi zòng héng）了。姚明告诉我，他萌生了退役（tuì yì）的想法。岁月不待人，应该把位置让给新人。这些我可以理解，但让我震惊的是在最后——“对于这个邮箱，您一定似曾相识吧？九年前那封告密信，是我自己写的。请不要生气！”

姚明竟然自己告自己？细细想来，他真是个聪明人。一个中国选手进军NBA非常不容易，要想有所成就，就必须让自己的名字跳出来，把自己的实力摆出来。他做到了，那封告密信的目的不是告密，而是挑战、是宣誓。

那姚明第二封信的目的是什么呢？我想，他是真的要离开了，他那么坦诚，我又怎么可以再耍（shuǎ）什么花招呢？他是个聪明的小巨人，我可不想做一个愚蠢的小老板。

我得向姚明学习，要想让自己的球队占据有利位置，首先得有实力，其次便是向媒体、球迷写一封告密信。人生的种种比赛，皆不过如此。

（作者：莱斯利·亚历山大，谢素军译，选自《中国校园文学：中学读本》2011年第21期）

根据文章内容回答下列问题：

1. 这封告密信的内容是什么？
2. “我”对信中的内容是什么态度？
3. 姚明为什么能成为火箭队的核心？
4. 第二封信的主要内容是什么？
5. 这两封信的作者是谁？为什么会这样？

九、完形填空

熊猫的学名其实是“猫熊”，意思是“像猫一样的熊”，也就是说它__1__上类似于熊，而外貌却像猫。严格地说，“熊猫”是一种错误的称呼。那么这一错误的称呼是怎么来的呢？原来，早年间重庆市北碚博物馆__2__展出过“猫熊”的标本，它的说明牌自左向右横写着“猫熊”两个字。可是，当时报刊的横标题都是自右向左认读的，所以记者们便在__3__中把“猫熊”误写成了“熊猫”。“熊猫”这一称呼经媒体广泛传播后，被人们熟知。人们说惯了，也就很难再纠正过来了。于是，__4__，称“猫熊”为“熊猫”了。

1. A. 本质　　B. 规律　　C. 规则　　D. 趋势
2. A. 迟早　　B. 照常　　C. 曾经　　D. 一旦
3. A. 预报　　B. 报道　　C. 辅导　　D. 报到
4. A. 记者们十分慌张　　B. 大家就将错就错
   C. 人们立刻改正过来　　D. 动物学家不愿承认自己错了

十、趣味汉语

脑筋急转弯：

1. 小白、小黄、小红一起坐长途汽车，请问谁会晕车？（打一动物）
2. 老鼠对野马说："我昨天跟猫约会呢！"（打一种食物）
3. 狗过了独木桥就不叫了。（打一成语）
4. 金木水火土，哪一个腿长？（打一种食物）
5. 你知道什么东西天气越热，它爬得越高？（打一用品）
6. 乌龟不见了。（打一花卉）
7. 身体细长，兄弟成双，光爱吃菜，不爱喝汤。（打一用品）
8. 像人没人大，最爱墙上挂，家人看了乐哈哈。（打一物品）
9. 什么瓜不能吃？（打一名词）
10. 开什么车最省油？（打一动作）